Wer hat eigentlich die Mikrowelle erfunden?

Für meine Eltern

Wer hat eigentlich die Mikrowelle erfunden?

Große Erfindungen und ihre Erfinder

von Thorsten Oliver Kraemer

Bibliographische Information der Deutschen
Nationalbibliothek
Die Deutschen Nationalbibliothek verzeichnet diese
Publikation in der Deutschen Nationalbibliografie;
Detaillierte bibliographische Daten sind im Internet
über http://dnb.d-nb.de abrufbar.

© Thorsten Oliver Kraemer, Bernkastel-Kues
Photos: Kay Khambatta
Herstellung und Verlag: Books on Demand GmbH, Norderstedt

ISBN: 978-3-837-03777-7

Vorwort

Wohl die meisten haben schon einmal davon geträumt, ein berühmter Erfinder oder eine berühmte Erfinderin zu werden. Leider jedoch wird dieser Traum nur für die wenigsten von uns tatsächlich wahr. Zum einen ist es schon schwer genug, eine nützliche Erfindung zu machen, doch noch viel schwerer ist es, damit berühmt zu werden.

Man muss nur einmal darüber nachdenken, wie viele Erfinder (samt zugehöriger Erfindung) man aus dem Stegreif aufzählen kann, um festzustellen, dass gar nicht so viele Erfinder wirklich berühmt geworden sind. Betrachtet man einmal die Vielzahl der Erfindungen, die aus unserem Alltag nicht mehr wegzudenken sind, ist es schon ein wenig verwunderlich, dass kaum jemand mehr als eine Hand voll ihrer geistigen Väter aufzählen kann.

Dessen ungeachtet steht jedoch hinter jeder Erfindung, mindestens ein schlauer Kopf, dem wir diese zu verdanken haben. Doch leider kennen wir viel zu selten den Namen des Erfinders oder der Erfinderin und noch viel seltener die Umstände, wie es zu der Erfindung kam.

Ist es nicht schade, dass diesen Leuten nicht mehr Ruhm und Bewunderung zuteil wurde, da sie meist Großes geleistet haben. Durch sie wurden entweder langwierige Probleme gelöst, oder großes Potenzial im rechten Moment erkannt und gezielt Nutzen daraus geschlagen. Wenn auch lange nicht jeder Erfinder selbst einen Nutzen von seiner Erfindung hatte, so erwiesen sich ihre Schöpfungen doch meist als nützlich für die Allgemeinheit - manche etwas mehr, andere etwas weniger. Und genau so unterschiedlich wie ihr Nutzwert für die Menschheit sind die Umstände, wie es zu den verschiedenen Erfindungen kam: von

Jahrhunderte alten Menschheitsträumen, die nach Jahrzehnte langem Tüfteln endlich verwirklicht werden konnten, über Notwendigkeiten, die einer Lösung bedurften und konsequent umgesetzt wurden, bis hin zu Zufallserfindungen oder "Schnapsideen", die sich zu Geld machen ließen.

Schon als kleines Kind habe ich mich sehr für Erfindungen und die dazugehörigen Geschichten interessiert. Leider kannte ich jedoch nur sehr wenige, von denen sich manche, bei meinen späteren Recherchen auch noch als falsch herausstellen sollten. Als ich endlich lesen konnte, habe ich mir immer ein Buch gewünscht, das von Erfindungen und ihren Entstehungsgeschichten handelt. Doch leider konnte ich nie eines finden, dass meinen Vorstellungen entsprach. Nach jahrelanger erfolgloser Suche, beschloss ich dann, auf anderem Wege an meine Informationen heran zu kommen. Ich begann alles zu sammeln, was ich über Erfindungen und ihre Erfinder zusammentragen konnte. Ich notierte mir Textstellen in Büchern, schnitt Artikel in Zeitungen und Zeitschriften aus und zeichnete TV Sendungen auf. Über Jahre häufte sich so manches an und es war an der Zeit etwas Struktur in meine Sammlung zu bringen. Also begann ich Zusammenfassungen über diejenigen Erfindungen zu schreiben, zu denen ich viel Material gesammelt hatte und suchte gezielt nach weiteren Quellen für die übrigen. Mit der Zeit häuften sich auch meine Zusammenfassungen an und ich begann diese zu von mir so genannten Artikeln[1] auszuformulieren. Je mehr Artikel ich fertig stellte, desto mehr verfestigte sich in mir die Idee, das Ganze vielleicht einmal als Buch heraus zu bringen - frei nach dem Motto: *Wenn es das Buch, das ich möchte,*

---

[1] Als Artikel bezeichne ich hier eine doppelseitige Abhandlung über eine Erfindung.

nicht gibt, dann schreibe ich es halt selbst. Wie man sich vorstellen kann, war der Weg von ein paar ausformulierten Artikeln, bis hin zum fertigen Buch immer noch schrecklich lang. Auch die zermürbende Ungewissheit, ob es mir überhaupt gelingen würde, einen Verlag für mein Werk zu finden, machte es mir nicht gerade leicht, meine Arbeit diszipliniert zu Ende zu bringen. Erschwerend kam dann auch noch hinzu, dass ich mein Vorhaben immer wieder bis auf weiteres auf Eis legen musste, da es mir entweder an geeigneten Quellen fehlte, oder ich einfach nicht die Zeit fand, mich mit meinem Projekt zu befassen. Meinen allerschlimmsten Rückschlag erlitt ich jedoch, als ich eines Tages in einem Trierer Buchladen gleich zwei Bücher über Erfindungen sah. Ich verließ umgehend den Laden und rief meine Freundin an. Geknickt erzählte ich ihr, dass ich gerade jetzt wo sich mein Buch in der Endphase befindet, zwei ähnliche Bücher in einer Buchhandlung habe stehen sehen. Zehn Jahre lang hatte es im deutschen Buchhandel kein einziges Buch dieser Art gegeben und jetzt, kurz bevor ich diese "Marktlücke" schließen wollte, fand ich gleich zwei. Doch es wurde noch schlimmer, noch während des Telefonats, ging ich an einem anderen Buchlanden vorbei, wo noch ein weiteres Buch dieser Art in der Auslage stand. Ich konnte es kaum glauben und meine Stimmung war am Boden. Es war eigentlich lächerlich, aber mir war nicht nach lachen zu Mute. Was nun, wie geht es weiter? Macht es überhaupt noch Sinn an dem Buch zu schreiben, jetzt wo es Bücher dieser Art fast an jeder Ecke zu geben scheint? Es folgten ca. drei Wochen der Niedergeschlagenheit, in denen ich keinen Nerv fand, weiter an dem Buch zu arbeiten. Wie man sieht, habe ich mich letztendlich doch dafür entschieden. Zu den meisten Themen gibt es etliche Bücher, warum nicht auch eines von mir? Davon mal abgesehen, war ich so kurz davor, meine Arbeit abzuschließen, dass ein Rückzieher an diesem Punkt absolut nicht mehr zu vertreten war. All die Zeit und Mühe, die ich in die Sache gesteckt hatte, wäre verschwendet gewesen und das ist nun mal nicht meine Art.

Ich freue mich, dass Sie, lieber Leser, sich gerade für mein Buch und nicht für eines der anderen entschieden haben, und wünsche ihnen viel Spaß beim Lesen.

Bernkastel-Kues, Oktober 2008

„Everything that can be invented has been invented"

(Herkunft unbekannt)

wird fälschlicherweise oft
Charles H. Duell, US-Patentamt, 1899
zugeschrieben

Verkaufsautomat um100 v. Chr.[1]

Heron von Alexandria
Griechenland

Längst sind Verkaufsautomaten zu einer Selbstverständlichkeit in unserer schnelllebigen Gesellschaft geworden. Sie kennen weder Öffnungszeiten, noch muss man lange an ihnen anstehen. Da man für ihren Betrieb weder Personal noch einen eigenen Verkaufsraum benötigt, eignen sie sich hervorragend für den Absatz von Waren mit geringem Stückpreis. Von Kaugummis, Zigaretten und Plastikspielzeug über Süßigkeiten, Getränke und Eis bis zu Kondomen, Binden und Tampons, finden wir heute die unterschiedlichsten Artikel in Verkaufsautomaten. Es gibt Automaten für Zeitungen, Fahrkarten, Briefmarken, Parkscheine, Toilettenbenutzung und zum Tanken. Gelegentlich sieht man auch Modelle mit warmen Speisen, Fahrradflickzeug, Grablichtern oder gar mit Würmern zum Angeln. Die Vielfalt an Verkaufsautomaten bzw. ihren Produkten ist nahezu unbegrenzt. Doch seit wann gibt es sie eigentlich? Den ersten bekannten Verkaufsautomaten soll bereits der griechische Mathematiker Heron von Alexandria vor über 2000 Jahren erdacht und gebaut haben. Hierbei handelte es sich um einen Automaten zum Verkauf von Weihwasser. Sein Funktionsprinzip war ebenso simpel wie genial. Warf man eine Münze ein, so fiel diese zunächst auf das Ende der langen Seite eines Hebels. Unter dem Gewicht der

---

[1] Je nach Quelle, soll dieser zwischen 200 v. Ch. und 300 n. Chr. gelebt haben, was eine genaue Jahresangabe hier unmöglich macht.

12

Münze senkte sich der Hebel auf dieser Seite, bis die Münze von ihm herunter in einen Sammelbehälter fiel. Das andere Ende des Hebels war mit einem Ventil verbunden, welches durch das Gegengewicht der Münze geöffnet wurde. Solange sich die Münze auf dem Hebel befand, floss eine kleine Menge geweihtes Wasser aus einem Hahn. War diese heruntergerutscht, schloss sich dieses Ventil wieder von selber. Herons Erfindung wurde in Tempeln aufgestellt. Zur damaligen Zeit begriffen die Leute noch nicht, dass es sich bei dem Weihwasserspender lediglich um eine mechanische Apparatur handelte; für sie war es schlicht ein Wunder, was sie dort sahen. Rund 2000 Jahre lang hat es keine vergleichbaren Maschinen mehr gegeben. Erst in den 80er Jahren des 19. Jahrhunderts kamen wieder münzgesteuerte Automaten auf.

Der englische Autor Richard Carlisle hatte einen Autoamten zum Verkauf von Büchern konstruiert, um diesen an Bahnhöfen und U-Bahn Stationen aufzustellen.

Im Jahr 1888 machte sich der Geschäftsmann Thomas Adams dasselbe Prinzip zu Nutze, um seine Kaugummis zu verkaufen. Es dauerte nicht mehr lange und man konnte auch Schokolade, Bonbons und Zigaretten am Automaten ziehen. Ständig haben die Betreiber von Verkaufsautomaten neuere und ausgefallenere Ideen. In Japan soll es sogar schon Automaten gegeben haben, an denen man gebrauchte Unterhosen ziehen konnte.

Buchdruck **1445**
(Letterndruck)

Johannes Gutenberg
Deutschland

Als Mönche begannen ihr Wissen und ihre Erfahrungen
mittels Büchern zu verbreiten, mussten diese immer
mühselig von Hand abgeschrieben und verziert werden.
Obwohl zur damaligen Zeit nur die wenigsten lesen
konnten, gab es einen stets wachsenden Bedarf an Büchern.
Schreiber brauchten zum Teil Jahre, bis sie ein Buch
abgeschrieben hatten. Um diese Arbeit zu vereinfachen,
begannen sie die einzelnen Texte Seite um Seite,
spiegelverkehrt in hölzerne Tafeln zu schnitzen um sie
dann zu drucken. Zwar war dies bereits ein großer
Fortschritt gegenüber der Abschrift, jedoch immer noch
sehr mühsam. Verschnitt man sich beim Anfertigen einer
Holztafel, so war gleich das ganze Druckmodel
unbrauchbar. Um das Jahr 1436 fiel dem Mainzer
Goldschmied und Spiegelmacher Johannes Gensfleisch zur
Laden am Gutenberg ein Holztafeldruck in die Hände.
Nachdem er diesen studiert hatte, wurde ihm, der sich
selbst der Einfachheit halber nur Gutenberg nannte,
bewusst, wie schwierig die Herstellung einer solchen
Inkunabel[2] sein musste. Fasziniert von dem Schriftstück
beschloss er, auch Bücher zu drucken. Noch während seines
Exils in Straßburg, begann er mit dem Buchdruck zu
experimentieren.

---

[2] So nennt man die frühen Erzeugnisse des Buchdrucks vor 1500
(Wiegendrucke)

14

Da sich Gutenberg der Probleme des Holztafeldrucks bewusst war, suchte er nach einer Lösung diese zu beseitigen. Er erkannte, dass man, wenn man beim letzten Wort einer Seite einen Fehler machte, diesen meist nicht korrigieren konnte und somit die ganze Seite neu schnitzen musste. Könnte man jedoch einzelne Wörter austauschen, so seine Überlegung, so würde sich das Problem auf wenige Buchstaben beschränken. Um die Sache noch einfacher zu machen, beschloss Gutenberg einzelne Lettern herzustellen und diese dann zum kompletten Text zusammenzustellen. Baute man nun einen Fehler ein oder einer der Buchstaben wurde beschädigt, so konnte man diesen einfach einzeln austauschen. Da Gutenberg Goldschmied war und somit mit Metall umzugehen wusste, beschloss er, die große Anzahl an Lettern aus Metall zu gießen, anstatt sie mühsam einzeln aus Holz zu schnitzen. Gießen war nicht nur einfacher als schnitzen, sondern metallene Lettern waren auch haltbarer. 1445 druckte Johannes Gutenberg das erste Buch im Letterndruckverfahren. Dabei handelte es sich um ein vierzehnseitiges Lateinbuch, es hatte eine Auflage von 300 Stück und kostete nur einen Gulden. Für eine handgeschriebene Bibel zahlte man 500 Gulden. Durch die neue Drucktechnik konnte man das Papierexemplar der so genannten Gutenbergbibel nun für etwa 40 Gulden erwerben. Dies entspricht allerdings immer noch dem doppelten Jahreseinkommen eines Handwerkermeisters. Es wurden damals 200 dieser Gutenbergbibeln gedruckt.

WC   1596

Sir John Harington
England

Es gehört wohl zu denjenigen Erfindungen, auf die heute nur die Wenigsten von uns verzichten würden, das WC. Oder würden sie ihr Wasserkloset (engl. water closet) gegen einen Donnerbalken eintauschen wollen?

Seit je her musste sich der Mensch entleeren und schon immer gab es zumeist "stille Örtchen" dafür. Ob ein ruhiges Plätzchen im Wald, der gemeinschaftliche Donnerbalken um die Ecke oder gar das eigene Plumpsklo hinterm Haus, "sein Geschäft" verrichtete man stets an ganz spezifischen Orten. Apropos "ein Geschäft verrichten", dieser Ausdruck stammt aus dem alten Rom, wo man sich auf der städtischen Latrine traf und dort nicht selten auch über geschäftliche Dinge sprach. Die römischen Latrinen, waren sehr fortschrittlich für ihre Zeit, denn sie verfügten bereits über "fließend Wasser". Man saß dort gewissermaßen auf einer langen gemauerten Bank, welche über einem Wasserlauf errichtet wurde, der die Fäkalien umgehend in die große Kloake (cloaca maxima) spülte. Das römische Latrinen- und Kloakenprinzip war so revolutionär wie genial, dennoch konnte es sich nie richtig durchsetzen. Es sollten Jahrhunderte vergehen, in denen die Leute ihre Nachttöpfe einfach auf die Straße schütteten. Dabei war der bestialische Gestank in den Städten noch das kleinere Übel. Die Fäkalien verseuchten das Trinkwasser und lösten Choleraepidemien aus, welche hunderttausende von Menschen das Leben kosteten. Erst da begann man den

Ernst der Lage zu begreifen und sich Gedanken über eine Kanalisation und eine Trennung zwischen Frischwasser und Brauchwasser zu machen. Natürlich war es auch längst nicht überall möglich, Latrinen nach römischem Vorbild zu bauen. Deshalb mussten die Leute ihren Unrat, in dafür vorgesehenen Töpfen sammeln und diese dann in einen offenen Kanal, welcher meistens mitten durch die Stadt führte, entleeren. Wo es keinen Kanal gab, mussten Jauchegruben angelegt werden, deren Inhalt man später als Dünger auf die Felder brachte. Leider war dieses System lange nicht so bequem wie das in Rom.

1596 nahm sich der Engländer Sir John Harington der Lösung dieses prekären Problems an. Er konstruierte ein Klosett mit einem Wasserbehälter, welcher sich auf Betätigung eines Ventils strömend entleerte und die Ausscheidungen in die Kanalisation spülte. Er installierte lediglich ein einziges Wasserkloset, welches er seiner Patentante, Königin Elisabeth I. in den Palast einbaute. Keiner nahm seine Erfindung so recht ernst, sodass sie bald in Vergessenheit geriet.

Häufig wird auch der Engländer Alexander Cummings als der Erfinder des WC genannt. Dieser hatte 1775 den Siphon, ein s-förmiges Rohr entwickelt, welches verhindert, dass die schlechten Gerüche aus dem Abfluss wieder hochziehen konnten. Doch auch nach Cummings Erfindung sollte es noch weitere 35 Jahre dauern, bis die ersten WCs mit Wasserspülung und Siphon aufgestellt wurden.

Fernrohr 1608

Hans Lippershey
Niederlande

Die Erfindung des Fernrohrs, wird dem deutschstämmigen Niederländer Hans Lippershey zugeschrieben. Lippershey ist um 1570 in Wesel am Rhein geboren. Später wanderte er in die Niederlande aus und ließ sich als Brillenmacher in Middelburg in der Provinz Seeland nieder. Dort beschäftigte er einen Lehrling in seiner Optikwerkstadt, welcher an der Erfindung des Fernrohres nicht ganz unbeteiligt gewesen sein soll. Überlieferungen zufolge hantierte dieser 1608 mit ein paar optischen Linsen herum. Dabei ist ihm aufgefallen, dass er wenn er die konvexen Linsen[1] in einem Abstand von etwa Armeslänge hintereinander hielt, einen fernen Kirchturm deutlich vergrößert sah. Das Bild stand zwar auf dem Kopf, doch der Effekt war sehr verblüffend. Auch sein Meister war von dieser Entdeckung begeistert. Er erkannte gleich das große Potenzial, das dahinter steckte und begann mit verschiedenen Linsen zu experimentieren. Dabei fand er heraus, dass er denselben Vergrößerungs-Effekt erreichte, wenn er eine konvexe und eine konkave Linse[2] verwendete, was einen entscheidenden Vorteil hatte. Bei dieser Kombination stellt die eine Linse das Bild auf den Kopf, und die andere richtet es wieder auf. Lippershey setzte diese Entdeckung sogleich um und baute ein optisches

---

[1] Linsen die in der Mitte dicker sind als am Rand.
[2] Eine Linse die am Rand dicker ist als in der Mitte

Instrument, mit dem man ferne Objekte vergrößert betrachten kann. Dazu brachte er die beiden Linsen an den Enden eines etwa armlangen Rohres an, dem so genannten Tubus. Lippershey führte seine Erfindung dem Rat von Seeland vor. Dieser gab sogleich eine größere Bestellung auf. Sein Fernrohr wurde zu einem militärisch sehr wichtigen Instrument, welches schnell Verbreitung über ganz Europa fand.

Bereits im Folgejahr erfuhr Galileo Galilei in Venedig von der Erfindung des Niederländers. Der technisch sehr versierte Erfinder und Naturforscher begann sogleich ein eigenes Fernrohr auszutüfteln. Sein erstes Modell war in der Lage, Objekte achtfach zu vergrößern. Doch damit nicht genug, er fertigte weitere Modelle mit immer stärkerer Vergrößerung an. Ende des Jahres baute er sich ein Fernrohr mit zwanzigfacher Vergrößerung, um damit den Nachthimmel, insbesondere den Mond mit seinen Kratern und Gebirgen zu erforschen. Bereits einen Monat später, im Januar des Jahre 1610, machte er mit Hilfe dieses Teleskops seine wohl revolutionärste astronomische Entdeckung. Dabei handelte es sich um die vier größten Monde des Jupiters, die heute nach ihm benannten Galilei'schen Monde.

1668 entwickelte der englische Mathematiker und Physiker Sir Isaac Newton das erste Spiegelteleskop. Mithilfe dieses Instrumentes gelang es ihm, die bei Linsenteleskopen entstehenden Farbfehler zu vermeiden.

Uhr
(Pendeluhr)

1656

**Christiaan Huygens
Niederlande**

Leider lässt sich heute nicht mehr nachvollziehen auf wen die Erfindung der Uhr zurückgeht. Die ältesten Exemplare, die Sonnenuhren, wurden ca. 3500 v. Chr. entwickelt. Selbst wenn man sich ausschließlich auf mechanische Uhren beschränkt, lässt sich nicht mehr genau sagen, wann und von wem die Erste gebaut wurde. Man geht heute davon aus, dass die ersten mechanischen Uhren im Hochmittelalter gebaut wurden. Dies lässt sich anhand alter Schriften belegen, in denen erstmalig der Beruf des Uhrmachers in dieser Epoche erwähnt wird.

Da die Meinungen, was genauere Datierungen und Personenangaben betrifft, sehr auseinander gehen, möchte ich mich hier lediglich auf die Pendeluhr, welche nachweislich von Christiaan Huygens erfunden wurde, beziehen.

Christiaan Huygens wurde 1629 in Den Haag geboren. Er studierte Jura und Mathematik, widmete sich jedoch nach dem Studium auch intensiv der Physik und Astronomie.

Seine Forschungen auf diesen Gebieten waren dermaßen erfolgreich, dass Huygens heute zu den größten Physikern des 17. Jahrhunderts zählt. Auch als Astronom machte er sich schnell einen Namen. Sein größter astronomischer Erfolg war die Entdeckung des Saturnmondes Titan. Diesen entdeckte er 1655 mit seinem selbstgebauten Teleskop. Gelungen ist ihm diese Entdeckung aufgrund der erstklassigen Linsen, welche er in seinem Teleskop verbaute. Er hatte diese zuvor, nach einer selbst entwickelten Methode zum Schleifen und Polieren angefertigt. Huygens zahllose Stunden an seinem Teleskop, ermöglichten ihm, als Erster eine genaue Beschreibung der Saturnringe zu geben. Huygens wollte seine Himmelsbeobachtungen jedoch etwas genauer dokumentieren, doch fehlte im dazu ein exaktes Zeitmaß. Um dieses Problem ein für alle mal zu lösen, arbeitete er an einem neuartigen Zeitmessgerät. Er erinnerte sich an die Pendelgesetze von Galileo Galilei. Dieser hatte herausgefunden, dass die Dauer einer Pendelschwingung konstant ist und immer die gleiche Länge hat. Dies machte sich Huygens' zu nutze. Er experimentierte mit verschiedenen Pendeln und erforschte deren Eigenschaften. Dieses Wissen setzte der Niederländer anschließend bei der Konstruktion der ersten Pendeluhr um. Zuvor hatte der Italiener Galileo Galilei bereits eine derartige Uhr erdacht, diese jedoch nie gebaut. Dies überlies er aufgrund seiner zunehmenden Erblindung seinem Sohn Vincenzo, der nach dem Tod seines Vaters angeblich eine solche Uhr baute, sie jedoch kurze Zeit später aus Wut wieder zerstörte. Somit ist nicht erwiesen, dass es die Galileische Uhr wirklich gab. Aus diesem Grund gilt heute Christiaan Huygens als der rechtmäßige Erfinder der Pendeluhr. Er ließ sich diese 1657 patentieren und reihte sich somit in die Liste der großen Erfinder ein. Die von Huygens gebauten Uhren und Teleskope waren stets die besten ihrer Zeit.

Dampfmaschine   **1705**

Thomas Newcomen
England

Es hat wohl keine Erfindung die industrielle Revolution in dem Maße vorangetrieben, wie die der Dampfmaschine. Entgegen der weit verbreiteten Meinung, diese sei vom schottischen Maschinenbauer James Watt erfunden wurden, war dieser lediglich derjenige der sie perfektionierte. Erfunden wurde die Dampfmaschine bereits Jahrzehnte vor Watts Geburt, von einem englischen Schmied Namens Thomas Newcomen.

Newcomen wurde 1663 in Dartmouth geboren. Durch seine Tätigkeit als Schmied und Eisenwarenhändler, war er ein angesehener Mann in seinem Heimatort. Viele seiner Kunden waren Bergwerksbesitzer, die bei ihm allerlei in Reparatur gaben. Oft schilderten sie ihm aber auch ihre Probleme und hofften, dass er mit einer Idee oder einem neuartigen Werkzeug aufwarten konnte. So erfuhr Newcomen von dem Hauptproblem aller Bergwerke, dem Wasser. Ab einer gewissen Tiefe hatten sie alle mit einbrechendem Grundwasser zu kämpfen. Dieses musste man mühselig mit Hilfe von Pferden oder gar mit menschlicher Arbeitskraft aus dem Stollen herausholen.

1705 begann Newcomen mit der Lösung des Problems und entwickelte eine mit Dampf betriebene Pumpe. Zuvor hatte bereits der englische Ingenieur Thomas Savery versucht eine solche Pumpe zu konstruieren. 1698 erhielt er sogar ein Patent für den Entwurf seiner Dampfpumpe. Leider kam es aufgrund technischer Probleme nie zum Einsatz der

"Freund des Bergarbeiters" genannten Maschine. Natürlich hatte auch Newcomen anfangs einige Probleme, doch er lies sich nicht entmutigen, sondern löste diese nach und nach. 1712 ging seine erste erfolgreiche Dampfmaschine in einer Kohlegrube bei Staffordshire in Betrieb. Das Prinzip seiner Dampfmaschine bestand darin, dass zunächst Wasser in einem Kessel zum Sieden gebracht wurde. Der dabei entstehende Wasserdampf drückte einen Kolben in einem über dem Kessel sitzenden Zylinder nach oben. Dieser Kolben setzte einen Hebel in Bewegung, der mit einer Pumpe verbunden war. War der Kolben oben im Zylinder angelangt, strömte Wasser hinein, das den Wasserdampf kondensierte, sodass der Kolben sich wieder abwärts bewegte. Überlieferungen zu Folge wurden mit dieser Konstruktion bis zu 500 Liter Wasser pro Minute aus den Stollen gepumpt. Newcomens Dampfmaschine fraß Unmengen an Kohle und leistete nur etwa 4 KW. Apropos KW, ist das nicht die Leistungseinheit die nach James Watt benannt wurde? Ja, hier tritt Watt auf den Plan. Watt wurde am 19. Januar 1736, also über dreißig Jahre nach der Erfindung der ersten Dampfmaschine geboren. Er erkannte, dass Newcomens Dampfmaschine wesentlich mehr leisten könnte, würde er diese modifizieren. 1769 baute er den Prototyp der "modernen Dampfmaschine". Bei dieser, strömt der Wasserdampf nach vollendetem Hub des Kolbens in einen separaten Behälter um dort zu kondensieren. So bleiben Kolben und Zylinder stets heiß, arbeiten effizienter und gehen nicht so schnell kaputt.

Thermometer 1714

Daniel Gabriel Fahrenheit
Deutschland

Die ersten Instrumente zum Messen der Temperatur, wurden von dem italienischen Gelehrten Galileo Galilei gebaut. Es handelte sich dabei um Glaszylinder, die mit einer Flüssigkeit gefüllt waren. Darin befanden sich verschiedene Glaskörper mit unterschiedlichem Auftrieb. Änderte sich die Temperatur, so dehnte sich die Flüssigkeit aus und die Glaskörper stiegen auf oder blieben am Boden liegen. Noch heute kann man diese so genannten Galileo-Thermometer als dekoratives Accessoire erwerben. Leider ist sowohl deren Genauigkeit als auch ihr Messbericht ziemlich eingeschränkt.

Viel genauer ist das noch heute gebräuchliche Alkohol- bzw. Quecksilberthermometer. Dieses wurde 1714 vom deutschen Physiker und Instrumentenbauer Daniel Gabriel Fahrenheit entwickelt. Fahrenheit absolvierte als Heranwachsender eine Kaufmannslehre in Amsterdam. Später wurde er Glasbläser und beschäftigte sich hauptsächlich mit der Herstellung von Barometern, Hygrometern und Höhenmessern. Seien größten Erfolg hatte der Danziger Tüftler jedoch mit der Entwicklung seines Thermometers. Zunächst verwendete er dazu noch Weingeist, aber recht bald stellte er fest, dass er mit Quecksilber ein besseres Ergebnis erhielt. 1714 baute er als Erster mehrere Thermometer, die jeweils die gleichen Messergebnisse erzielten. Darüber hinaus entwickelte er auch gleich eine Temperaturskala um die Messergebnisse seiner Thermometer überhaupt ausdrücken zu können. Überlieferungen zufolge, soll er hierzu der tiefsten Temperatur des damals strengen Winters den Wert 0° F zugewiesen haben. Zweiter Fixpunkt soll seine eigene Körpertemperatur gewesen sein, dieser hat er willkürlich den Wert 100° F gegeben. Die Fahrenheitskala ist noch heute in verschiedenen angelsächsischen Ländern gebräuchlich. Da die Fixpunkte der Fahrenheitskala, jedoch schlecht nachzuvollziehen sind, schlug der schwedische Astronom Anders Celsius 1742 eine neue Temperaturskala vor. Seiner nach ihm benannten Celsiusskala legte er zwei leicht zu reproduzierende Fixpunkte zugrunde. Er wies dem Gefrierpunkt von Wasser den Wert 0° C und dessen Siedepunkt den Wert 100° C zu[1]. Diese beiden Werte skalierte er anschließend in 100 Teile zu je 1° C. Das erste kurze Fieberthermometer wurde 1867 von dem englischen Arzt Sir Thomas Clifford Allbutt erfunden. Erst durch seine kurze Bauart, die mit heutigen Modellen vergleichbar ist, wurde es möglich Temperaturen im medizinischen Bereich zu messen. Vorherige Modelle mit Längen über einen halben Meter waren für medizinische Zwecke einfach zu ungenau. Heutzutage wird das gute alte Alkohol- bzw. Quecksilberthermometer immer mehr durch Infrarot-Thermometer ersetzt. Diese digitalen Temperaturmesser ermöglichen es uns sogar, aus kurzer Distanz zu messen.

---

[1] Diese Werte sind gültig bei einem normalen Luftdruck von rund 1 bar.

Blitzableiter $\qquad$ **1752**

Benjamin Franklin
USA

Benjamin Franklin zählt heutzutage zu den Pionieren auf dem Gebiet der Elektrizität. Als er im Alter von 40 Jahren sein Interesse der Elektrizität zu widmen begann, bemerkte er, dass diese durchaus von wissenschaftlichem Nutzen sein könnte. Daraufhin verschrieb er sich ab 1747 komplett der Erforschung dieses Gebietes. Franklin vertrat die Hypothese, dass ein Blitz ein elektrisches Naturphänomen sei. Um dies zu beweisen, führte er am 15. Juni 1752 sein berühmtes Drachenexperiment durch. Er wollte zeigen, dass ein Blitz nur eine elektrische Ladung ist und dass sich diese mit geringem Aufwand ableiten lässt. Vor den Augen seines Sohnes, ließ er während eines Gewitters, einen Drachen in die Wolken aufsteigen. Das Ende der Halteschnur befestigte er an einer Art Kondensator, aus dem er nach dem Blitzeinschlag erwartungsgemäß blaue Funken ziehen konnte. Das zugegebenermaßen etwas gefährliche Experiment war gelungen. Franklin konnte nun beweisen, dass ein Blitz nichts weiter als ein großer elektrischer Funke ist. Darüber hinaus sah er die Möglichkeit, Blitze nicht nur zu experimentellen Zwecken aus den Wolken abzuleiten, sondern Gebäude so zu sichern, dass ein eventuell einschlagender Blitz in den Boden abgeleitet wird und somit keinen Schaden am Gebäude anrichten kann. Schon bald darauf wurden die ersten Blitzableiter an wichtigen Gebäuden angebracht. Trotz anfänglicher Probleme verbreitete sich Franklins Erfindung sehr schnell. Leider mussten einige Leute jedoch feststellen, dass ihnen der Blitzableiter keinen Schutz gab und ihre Gebäude trotz dessen Installation abbrannten. Dies war darauf zurückzuführen, dass der Blitzableiter nicht richtig verlegt wurde. Ein Blitz kann beispielsweise nicht um einen spitzwinklige Ecke geleitet werden, versucht man dies, so wird der Blitz an dieser Ecke die Leitung verlassen und sich einen neuen Weg durchs Gebäude suchen. Dieser Fehler wurde einigen vermeintlich gesicherten Gebäuden zum Verhängnis. Seit diese Kinderkrankheiten behoben sind, bietet der Blitzableiter einen sehr hohen Schutz vor Einschlägen.

Benjamin Franklin ist jedoch nicht nur aufgrund der Erfindung des Blitzableiters bekannt. Er war unter anderem Wissenschaftler, Verleger, Buchdrucker, Journalist und ein einflussreicher Politiker. Neben dem Blitzableiter erfand er noch die bifokale Brille[1], eine Art Schaukelstuhl und den nach ihm benannten Franklin Ofen[2]. Er verbesserte die Straßenbeleuchtung von Philadelphia, rief die erste Feuerwehr der Stadt ins Leben und führte in seinem Amt als stellvertretender Postminister das moderne Postsystem ein. Darüber hinaus gehört er auch noch zu den fünf Männern, die die amerikanische Unabhängigkeitserklärung unterzeichneten.

---

[1] Eine Brille, die sowohl die Nah- als auch die Fernsicht verbessert.

[2] Ein Ofen der bei geringerem Brennstoffverbrauch immer noch gut heizt.

Feuerzeug 1780

Johannes Fürstenberg
Deutschland

Schon im Jahre 1780 verkaufte Johannes Fürstenberg sein *Fürstenberger Feuerzeug*. Es handelte sich dabei um ein unhandliches, teures und schwer zu transportierendes Glasgefäß, das auf elektrischem Wege Wasserstoffgas entzündete. Die Funktionsweise war sehr originell; durch einen Mechanismus tauchte man einen Zinkstab in eine Kammer mit Schwefelsäure. Durch die chemische Reaktion entsteht Wasserstoff, der sich in einer Glaskuppel sammelte. Durch Drehen eines metallischen Tellers, erzeugte man eine elektrische Ladung. Öffnete man nun den Gashahn, entlud sich diese und erzeugte den nötigen Zündfunken. Die Vorzüge des Fürstenberger Feuerzeuges, waren seine Zuverlässigkeit und die Tatsache, dass es keine unangenehmen Gerüche von sich gab. Jedoch war es sehr teuer und schlecht zu transportieren.

Wolfgang Döbereiner gelang es später, das Prinzip des Fürstenberger Feuerzeuges noch zu verbessern. Das Döbereiner Feuerzeug musste nicht mehr mit einer aufwendigen Mechanik elektrisch aufgeladen werden, denn es zündete bereits auf chemischem Wege. Döbereiner ließ den Wasserstoff durch einen Platinschwamm strömen, dadurch entzündete sich der Wasserstoff von selbst.[1] Das Döbereiner Feuerzeug wurde zwischen 1827 und 1880 in

---

[1] Es entsteht eine katalytischen Oxidation, die dabei entstehende Wärmeenergie reicht aus um den Wasserstoff zu entzünden.

Deutschland vertrieben. Trotz seiner hohen Explosionsgefahr war es unter den Wohlhabenden in Deutschland, aber auch in England, sehr verbreitet.

Um 1903 produzierte der Österreicher Carl Auer von Welsbach eine von ihm entwickelte Gaslampe. Bei der Herstellung dieser *Auerlampe* fielen größere Mengen des chemischen Elementes Cer als Abfall an. Zunächst konnte von Welsbach nichts mit diesem Abfallprodukt anfangen, bis er eines Tages an einer Cerium-Eisen-Verbindung feilte und feststellte, dass dabei sehr viele Funken flogen. Aus dieser Entdeckung entwickelte er eine Vorrichtung, mit der man mittels eines Eisenrädchens einen mit Benzin getränkten Docht entzünden konnte und meldete diese Erfindung 1903 zum Patent an. Seid 1907 etwa gibt es die heute noch verbreiteten Feuerzeuge, bei denen man ein Rädchen dreht, welches an einem Ceriumstein vorbei reibt und einen benzingetränkten Docht entzündet. Später fing man an, die Benzinfeuerzeuge auf Gas umzurüsten, was jedoch nicht ganz einfach war. Ab etwa 1953 gab es in den USA die ersten Feuerzeuge der Marke *Flair* zu kaufen. Sie entsprechen den heutigen Gasfeuerzeugen, bei denen man das Rädchen dreht und in der gleichen Bewegung das Ventil öffnet. Mit diesem bewährten Prinzip kamen in den 60er Jahren in Frankreich die ersten Einwegfeuerzeuge auf den Markt. 1967 kam das erste Elektrofeuerzeug nach heutiger Bauweise auf den Markt. Wer hätte gedacht, dass die ersten Feuerzeuge bereits elektrisch zündeten? Im Prinzip wurde zuerst das elektrische, dann das Benzin-, und zuletzt das am meisten verbreitete Gasfeuerzeug erfunden.

Ballon 1783

Joseph und Étienne Montgolfier
Frankreich

Die Gebrüder Montgolfier kamen aus dem südfranzösischen Städtchen Annonay in der Nähe von Saint Étienne. Ihr Vater hatte eine weit bekannte Papiermanufaktur, weshalb die beiden von klein auf mit technischen und physikalischen Abläufen vertraut waren. Joseph wusste, dass warme Luft immer nach oben steigt, 1782 kam der damals 42 jährige auf die Idee, sich diesen Effekt zunutze zu machen. Nach umfangreicheren Tests fertigten Sie im Jahr 1783 einen großen Ballon aus Leinwandgewebe, diesen beschichteten sie wegen der besseren Wärmeisolierung mit Papier.

Am 4. Juni 1783 führten die beiden ihre Erfindung auf dem Marktplatz von Annonay vor. Die Ständeversammlung der Region Vivarais war eigens erschienen um den Aufstieg der 12 Meter durchmessenden *Montgolfière* zu bewundern. Der Heißluftballon schwebte 10 Minuten lang, erreichte eine Höhe von über 1000 m und ging dann in 2 km Entfernung wieder zu Boden. Als die Académie Française von dem Ereignis erfuhr, wurden die Brüder Montgolfier umgehend zu einer weiteren Vorführung nach Paris eingeladen. Diese konnten den Termin allerdings aufgrund von geschäftlichen Angelegenheiten nicht wahrnehmen. Im September führten Joseph und Étienne ihre *Montgolfière* König Ludwig XVI und Marie Antoinette vor. Um zu beweisen dass man mit einem solchen Heißluftballon auch Menschen in Lüfte steigen lassen konnte, setzte man zunächst ein paar Tiere als Passagiere hinein. Erst nachdem diese dann unbeschadet wieder landeten, riskierten sich die ersten Menschen einen solchen Flug zu versuchen. So wurde der 21. November 1783 der Tag, an dem das Zeitalter der Luftfahrt begann. An diesem Tag wagten Aufzeichnungen zufolge, Pilâtre de Rozier und Marquis d'Arlandes als erste Menschen den Flug mit einem Ballon. Noch im selben Jahr in dem Joseph und Étienne Montgolfier ihre ersten Heißluftballone vorführten, entwickelte noch ein anderer Franzose ein eigenes Ballonmodell. Es war der Chemiker und Physiker Jacques Alexandre César Charles. Er konstruierte 1783 den ersten Wasserstoffballon. Nachdem die Gebrüder Montgolfier ihre Einladung nach Paris absagten, beauftragte die Académie Française, Professor Charles seinen Ballon vorzuführen. Der *Charlière* genannte Ballon bestand aus gummiertem Seidentaft, er hatte einen Durchmesser von ca. 4 m. Er wurde nicht mit heißer, nach oben steigender Luft gefüllt, sondern mit Wasserstoff, einem Gas das von Natur aus leichter als Luft ist und auf Grund dessen nach oben steigt. Am 27. August 1783 flog die *Charlière* bei einem Versuch von einem Pariser Maisfeld bis in den 22 km entfernten Ort Gonesse und landete dort in einem Baum. Später entwickelte Charles ein größeres Modell der *Charlière*. Dieser Freiballon konnte ebenfalls Passagiere aufnehmen. Drüber hinaus war es möglich die Flughöhe zu ändern indem man zum Sinken ein Seilzugventil öffnete um Gas abzulassen und zum Steigen Sandballast über Bord warf um leichter zu werden. In diesen Ballonen hatte der Mensch zum ersten Mal seinen Traum vom Fliegen verwirklicht.

Bleistift   **1790**

Joseph Hardtmuth
Österreich

Mitte des 17. Jahrhunderts entdeckte man in Borrowdale,
England, eine bemerkenswerte schwarz-graue Substanz. Es
handelte sich dabei um Graphit, welcher die Hand mit
einer feinen Schicht bedeckte, sobald man ihn berührte.
Schnell fand man heraus, dass sich dieses Mineral
hervorragend zum Zeichnen und Schreiben eignet. Bisher
hatte man zum Schreiben Federkiele oder das so genannte
Reißbley verwendet. Dabei handelte es sich um einen Stift
aus einer Blei und Silberlegierung, mit dem man auf
speziell präpariertes Papier schrieb. Leider war das
Schreiben mit einem solchen bleihaltigen Stift sehr
ungesund, was man zu dieser Zeit jedoch noch nicht wusste.
Heutzutage wird natürlich kein Blei mehr in unseren
Stiften verwendet, lediglich der Name erinnert uns daran.
Heute dient uns Graphit zum Schreiben. Er lässt sich
leichter führen, schreibt deutlicher und ist darüber hinaus
gesundheitlich unbedenklich. Um 1658 wurde erstmals
Graphit in England abgebaut und zu Stiften verarbeitet.
Dazu sägte man den Graphit in schmale Streifen und fasste
diese in Holz ein. Leider war dies sehr viel Arbeit was
diesen frühen Bleistift dementsprechend teuer machte. Um
1680 wurde der neuartige Stift aus England auch in
Deutschland bekannt. Es dauerte nicht lange, bis auch hier
das Handwerk des Bleistiftmachers entstand. Gut 100
Jahre schrieb man mit den in Holz eingefassten
Graphitleisten, bis der Österreicher Joseph Hardtmuth

32

1790 die keramische Mine erfand. Joseph Hardtmuth wurde 1752 als Sohn eines Tischlermeisters in Asparn, Niederösterreich geboren. Der gelernte Mauerer, arbeitete sich hoch bis zum Baumeister und schuf schließlich seine eigene Ziegelproduktion. Seine jahrelangen Erfahrungen im Umgang mit Ton und die Tatsache, dass ihm ständig die teuren Bleistifte zerbrachen, brachten ihn schließlich auf eine revolutionäre Idee. Er mischte Ton in Graphitstaub und formte diese Mischung zu Minen um sie dann anschließend zu brennen. Das Ergebnis war eine stabilere und wesentlich einfacher herzustellende Bleistiftmine. Zwar war Hardtmuth mit seinen ersten Keramikminen noch nicht ganz zufrieden, doch wusste er, dass es ihm gelingen werde, den englischen Bleistift zu verbessern. Ständig tüftelte er an dem Mischungsverhältnis seiner Minen. Er bemerkte dass, die Mine immer härter wurde, je mehr Ton er zugab. Somit war es ihm gelungen Bleistifte verschiedener Härtegrade herzustellen. Der moderne Bleistift war geboren.

Dem Franzosen Nicolas-Jacques Conté haben wir es zu verdanken, dass bald auch unreines Graphit für die Bleistiftherstellung verwendet werden konnte. Er entdeckte 1795 ein Verfahren mit dem es möglich ist, das Graphitpulver von anderen Mineralen zu trennen. Darüber hinaus fand auch er eine Möglichkeit, Bleistifte verschiedener Härtegrade herzustellen. Conté wird häufig als Miterfinder des modernen Bleistiftes bezeichnet.

Batterie 1800

Alessandro Volta
Italien

Um das Jahr 1785 experimentierte der Italiener Luigi
Galvani mit großem Interesse auf dem Gebiet der
Elektrizität. Der Anatomieprofessor, der sich
normalerweise mit Sektionen beschäftigte, hatte zuvor eine
merkwürdige Entdeckung gemacht. Beim Sezieren eines
toten Frosches war ihm aufgefallen, dass dieser manchmal
mit den Schenkeln zuckte, wenn man ihn mit dem
Sektionsbesteck berührte. Er untersuchte dieses Phänomen
und fand heraus, dass die Schenkel nur dann zuckten,
wenn sie mit zwei verschiedenen Metallen berührt wurden,
die miteinander in Kontakt standen. Er schloss daraus,
dass in dem Frosch eine Art „tierische Elektrizität"
gespeichert war, die sich durch die Metallinstrumente
entlud. Fasziniert von dieser Entdeckung, konzentrierte
sich Luigi Galvani von nun an auf die Erforschung der
Elektrizität.
Etwa zur gleichen Zeit befasste sich auch sein Landsmann
Alessandro Volta mit diesem noch jungen
Wissenschaftszweig. Volta war sehr an den Forschungen
Galvanis interessiert. Jedoch teilte er nicht dessen
Auffassung, dass in dem Gewebe des Frosches irgendeine
Elektrizität gespeichert sei. Er wiederholte Galvanis
Experimente und kam zu dem Schluss, dass nicht der
Frosch, sondern die beiden unterschiedlichen Metalle der
entscheidende Faktor bei der Erzeugung des Stromes
waren. Um seine These zu überprüfen, stellte er einige

Versuche mit seiner Zunge an. Dabei legte er sich eine Münze unter die Zunge und eine zweite aus einem anderen Metall auf die Zunge. Als er die beiden Münzen dann noch mit einem Draht verband, stellte er fest, dass sie plötzlich salzig schmeckten. 1799 begann er mit der Konstruktion einer Vorrichtung, die auch ohne Zuhilfenahme von tierischem oder menschlichem Gewebe Strom liefern sollte. Hierzu verwendete er Silber- und Zinkscheiben, die er immer abwechselnd übereinander schichtete. Dazwischen legte er nach jeweils zwei Metallscheiben eine Pappscheibe, die er zuvor in eine Salzlösung getaucht hatte. Verband man nun die Enden des Stapels zu einem Kreislauf, so floss Strom. 1800 hatte Volta seine *Voltasche Säule* fertig gestellt. Mit dieser Säule hatte Volta die frühe Batterie geschaffen. Es war die erste Quelle für einen kontrollierbaren, andauernd fließenden Strom überhaupt. Voltas Erfindung eröffnete der Wissenschaft viele neue Möglichkeiten der Forschung und machte Volta schnell berühmt.

Bereits ein Jahr nachdem Volta seine *Voltasche Säule* publik gemacht hatte, wollte Napoleon I, der damals weit über die Grenzen des heutigen Frankreichs herrschte, eine Vorführung haben. Er war überaus begeistert von Voltas Erfindung und ließ ihm eine schöne Summe Geld und darüber hinaus noch einen Grafentitel zukommen. Noch bis heute bleibt Alessandro Volta unvergessen, ihm zu Ehren wurde das Einheitszeichen der elektrischen Spannung Volt genannt.

Konservendose   **1810**

Peter Durand
England

Zu Beginn des 19. Jahrhunderts litten Napoleons Soldaten an chronischer Nahrungsmittelknappheit. Dies lag zum einen daran, dass sie bei ihren Plünderungen nicht genug Lebensmittel für alle erbeuten konnten und zum anderen, dass die mitgebrachte Nahrung zu schnell verdarb. Aus diesem Grund setzte Napoleon I. ein Preisgeld von 12000 Goldfrancs für die Haltbarmachung von Lebensmitteln aus. Das Geld sollte derjenige bekommen, dem es zuerst gelang Nahrungsmittel haltbar genug zu machen, dass man damit die Eroberungstruppen versorgen konnte.

Dieser Aufgabe widmete sich der Pariser Koch und Zuckerbäcker François Nicolas Appert. Um 1804 entwickelte er ein neues Verfahren zur Haltbarmachung von Lebensmitteln. Seine Idee bestand darin, Nahrungsmittel zunächst zu erhitzen und sie dann unter Ausschluss von Luft zu versiegeln. Dazu kochte er die Nahrung zunächst auf und füllte sie dann anschließend im heißen Zustand in Gläser ab. Diese verschloss er und stellte sie dann noch einmal in kochendes Wasser. Durch dieses neuartige Verfahren des Einmachens, wurden Lebensmittel für einen längeren Zeitraum konserviert. Napoleon war begeistert und Appert wurde zum Sieger des Preises ernannt. 1810 ließ sich der Engländer Peter Durand ein Verfahren patentieren, bei dem er Lebensmittel in einer Blechdose konservierte. Er verwendete zunächst das selbe Verfahren wie Appert, nur dass er alles in Dosen statt in

Gläsern konservierte. Die ersten Konservendosen waren noch nicht sehr ausgereift. Sie hatten von innen keine Beschichtung, daher schmeckten die darin konservierten Lebensmittel meist etwas metallisch. Um einen direkten Kontakt der Nahrung mit dem Metall und damit eine Geschmacksaufnahme zu verhindern, wurden die Dosen später mit speziellen Lacken ausgekleidet. Heutzutage fertigt man Konservendosen nicht mehr aus Blech, sondern aus Aluminium, diese werden von innen mit einer Kunststoffbeschichtung versehen. 1812 übernahm François Appert Peter Durands Methode mit den verlöteten Dosen und finanzierte sich mit dem Preisgeld Napoleons eine eigene Manufaktur. Tests ergaben, dass selbst der Inhalt dieser frühen Dosen für Jahrzehnte haltbar blieb. Sogar Dosen, die aus einem vor langer Zeit untergegangenen Schiff geborgen wurden, enthielten noch schmackhafte Nahrung. Doch leider war der tägliche Verzehr über längere Zeit nicht unbedenklich. Aufgrund ihrer Bleiversieglung gaben die Dosen giftiges Blei an die Lebensmittel ab. Dies zeigte eine britische Expedition, bei der sich die Teilnehmer 1845 ausschließlich aus Dosen ernährten. Fast alle starben an Bleivergiftung. Heute sind die Konservendosen natürlich frei von Schwermetallen und, nebenbei erwähnt, auch wesentlich leichter zu öffnen. Das liegt daran, dass der Dosenöffner witzigerweise erst 1858 erfunden wurde. Das Patent dafür erhielt der Amerikaner Ezra Warner. Bis dahin mussten die Dosen mit Hammer und Meißel geöffnet werden.

Fahrrad 1817

Karl Friedrich Drais
Deutschland

Der erste Tüftler, der ein erfolgreiches zweirädriges, lenkbares Fahrzeug baute, war der deutsche Adlige Karl Friedrich Christian Ludwig Freiherr Drais von Sauerbronn. Dabei handelte es sich um seine so genannte Laufmaschine. Vor ihm hatten zwar bereits andere an einem Zweirad gearbeitet, doch sind sie schnell wieder in Vergessenheit geraten, da sich ihre Modelle nicht durchsetzen konnten. Sie waren weder lenkbar, sodass man damit nur geradeaus rollen konnte, noch sonderlich ausgereift. Das Modell von Karl Friedrich Drais, auch als Draisine bekannt, verfügte schon über eine Lenkung, einen gefederten Sattel, einen Gepäckträger und eine Bremse. Zum Fahren stieß man sich kräftig mit beiden Beinen am Boden vorwärts um Schwung zu holen, dann konnte man sich eine kurze Strecke rollen lassen. Nachdem Drais sein Laufrad der Öffentlichkeit vorgestellt hatte, erlebte dieses auch sofort seinen Boom. Drais erhielt ein Patent für das Land Baden und baute die ersten "Fahrräder". Schon ein Jahr später fand dieser Aufschwung jedoch sein Ende. Durch die Karlsbader Beschlüsse wurde der Freiluftsport und somit auch das Laufradfahren verboten. Von da an ging es Berg ab mit Drais Geschäften. Er versuchte verzweifelt für sein Gefährt zu werben, doch er erntete von Mal zu Mal nur mehr Ablehnung. Nach einer Weile verfiel der visionäre Baron dem Alkohol, bis er schließlich 1851 völlig verarmt in Karlruhe starb.

Sein Zweirad jedoch sollte seinen wahren Siegeszug noch antreten.

1839 baute der schottische Schmied Kirkpatrick Macmillan das erste Zweirad mit Pedalantrieb. Beim so genannten Macmillan-Rad wurde mithilfe von zwei Pedalen, über ein Gestänge das Hinterrad angetrieben. Wenn das Macmillan-Rad erst mal rollte, konnte man dank dieser Pedale für weiteren Vortrieb sorgen, ohne sich weiterhin vom Boden abstoßen zu müssen.

Den wahren Durchbruch schafften jedoch Pierre und sein Sohn Ernest Michaux. Sie bauten 1861 den ersten Tretkurbelantrieb für eine Laufrad. Pierre hatte die Idee, das Vorderrad der Laufmaschine, ähnlich wie bei damaligen Schleifsteinen mit einer Kurbel anzutreiben. Wahrscheinlich hatte er zuvor gerade an einem solchen gearbeitet und dabei fleißig dessen Antriebskurbel betätigt. Nach ersten Versuchen zeigte sich, dass es sinnvoll ist das Vorderrad etwas größer zu machen als das Hinterrad, damit man bei einer Umdrehung des Rades eine größere Strecke zurücklegt.

Verfeinert wurde dieses Prinzip 1870 vom Briten James Starley. Er baute ein Fahrrad, dessen Vorderrad etwa dreimal so groß war wie das Hinterrad. Sein Hochrad genanntes Tretross hatte bereits einen Stahlrahmen, Metallspeichen und Vollgummireifen.

1884 baute John Kemp Starley schließlich den Prototypen des modernen Fahrrades. Dessen typische Merkmale blieben uns bis heute erhalten.

Blindenschrift

1825

Louis Braille
Frankreich

Am 04. Januar 1809 wurde Louis Braille in Coupvray bei Paris geboren. Sein Vater war im Lederkunsthandwerk tätig gewesen. Als Dreijähriger stöberte der kleine Louis auf einer seiner Entdeckungsreisen im Atelier seines Vaters herum. In einem unbeobachteten Moment stieß er sich versehentlich eine Ahle ins Auge und verletzte dieses schwer. Unglücklicherweise griff eine nachfolgende Infektion auch noch auf das andere Auge über und schädigte dieses ebenfalls so schwer, dass Braille vollkommen erblindete. Zur damaligen Zeit führte eine solche Behinderung fast immer dazu, dass man sein Leben als Bettler verbringen musste. Nicht so bei Louis Braille. Der aufgeweckte Junge wird mit zehn Jahren an einer Blindenschule in Paris aufgenommen. Der Unterrichtsstoff wurde dort fast ausschließlich mündlich vermittelt. Es waren nur wenige Bücher vorhanden, die dank ihrer reliefartigen Schrift auch von Blinden genutzt werden konnten.

Als Braille etwa 13 Jahre alt war, erfuhr er von einer Nachtschrift, die ein Artilleriehauptmann fürs Militär entwickelt hatte. Charles Barbier entwickelte diese, damit seine Männer seine Befehle auch im Dunkeln entziffern konnten. Als Charles Barbier um 1820 seine Schrift an der Blindenschule vorstellte, lehnte der Direktor diese zunächst ab. Braille war jedoch gleich begeistert von dieser Idee. In seiner freien Zeit, hauptsächlich in der Nacht, entwickelte er eine eigene, vereinfachte Version einer Punktschrift. Seine Blindenschrift besteht aus 6 möglichen Punkten pro Zeichen, diese sind wie bei der 6 auf einem Würfel angeordnet. Mit den daraus entstehenden 63 Möglichkeiten, konnte er das komplette Alphabet, die Ziffern 0 – 9, alle Satzzeichen und mathematischen Operationszeichen, sowie die Akzente darstellen. Um seine Blindenschrift aufzuzeichnen, drückte er die Zeichen mit einer Ahle in ein Holzbrett. So sollte das Instrument, das ihm einst das Augenlicht geraubt hatte, ihm auch noch zu großem Ruhm verhelfen.

Als Braille 16 Jahre alt war, kam gerade ein neuer Direktor an die Schule. Als er von Brailles Schrift erfuhr, war er davon so begeistert, dass er diese sogleich an der Schule einführte. Auch seine Mitschüler waren von der neuen Blindenschrift begeistert. 1828 entwickelte der musikbegeisterte Braille mit dem gleichen Punktsystem, auch noch die Vorzeichen der Musiknoten in sieben Oktaven. Damit war es Blinden möglich, Musikstücke nicht nur durch Hören zu erlernen, sondern auch durch das Lernen der Noten. Leider erlebte Louis Braille den waren Siegeszug seiner Blindenschrift nicht mehr. Als diese sich durchsetzte, war er bereits an Lungentuberkulose gestorben. Die Braille-Schrift wurde zu einem Erfolg, da sie einen wesentlichen Vorteil gegenüber den anderen Schriften hatte. Sie war einfach zu lesen und somit einfach zu lernen. Barbiers Nachtschrift hingegen war sehr kompliziert, sie stellte Silben mit Hilfe von 12 Punkten dar und war sehr schwer zu lesen. Und um die erhaben gedruckten lateinischen Buchstaben der Reliefschrift zu entziffern, brauchte man sehr viel Fingerspitzengefühl.

Nähmaschine   **1830**

Barthélemy Thimonnier
Frankreich

Das erste Patent auf eine Maschine zum Nähen hatte der Engländer Thomas Saint im Jahr 1790 angemeldet. Nach seinem Entwurf handelte es sich dabei um eine Nähmaschine für Schumacher. Sie wurde entwickelt um Leder oder Segeltuch zusammenzufügen. Saints Maschine funktionierte angeblich wie folgt: zuerst drückte eine Ahle ein Loch ins Material, darüber wurde ein Faden geführt, welcher dann von einem Stäbchen auf die Unterseite gedrückt wurde. Abschließend wurde der Faden von einem Haken nach vorne gezogen, damit ein weiterer Stich folgen konnte. Beim nächsten Stich wurde der Faden dann durch die jeweils letzte Schlaufe gezogen, so entstand eine Art Kettenstich. Ob diese hölzerne Maschine jedoch wirklich Leder nähen konnte ist nicht sicher, da eine spätere Reproduktion aufgrund von alten Zeichnungen nicht funktionstüchtig war.

Um 1829 kam Barthélemy Thimonnier, ein Schneider aus Lyon, auf die Idee, dass er mehr Geld verdienen würde, wenn er schneller nähen könnte. Er konstruierte eine Maschine, mit der man etwa sechs mal so schnell nähen konnte wie mit der Hand. Die Regierung bestellte 80 dieser Nähmaschinen für die Produktion von Armeeuniformen. Als seine Kollegen von der Sache Wind bekamen, sahen sie sich sogleich in ihrer Existenz bedroht. Bald darauf taten sich umliegende Schneider zusammen und stürmten Thimonniers Werkstatt. Sie zerstörten alle Nähmaschinen und Thimonnier musste aus Frankreich fliehen. So starb der Erfinder der ersten brauchbaren Nähmaschine völlig verarmt im Verborgenen.

Die erste Maschine, die Steppstiche machen konnte, wurde 1834 von Walter Hunt konstruiert. Er ließ seine Maschine jedoch nicht umgehend patentieren, da er fürchtete, dass seine Erfindung zu Arbeitslosigkeit führen könnte. 1839 wollte der Bostoner Mechaniker Elias Howe eine Nähmaschine bauen. Dazu versuchte er die Handbewegungen, die seine Frau beim Nähen machte, maschinell umzusetzen. Zunächst schlug dieser Versuch fehl, doch Howe tüftelte so lange, bis er ein funktionstüchtiges Modell geschaffen hatte. 1846 erhielt er ein Patent auf diese Erfindung. Leider fand Howe keinen Hersteller für seine etwas teure Maschine. Als er dann auch noch von der Schneidergilde bedroht wurde, zog er mit seiner Familie nach England. Die nächsten zwei Jahre versuchte er dort vergebens sein Glück. Er kehrte noch ärmer als zuvor in den Staaten zurück und musste dort eine böse Überraschung erleben. In der Zwischenzeit hatte ein anderer Bostoner Mechaniker eine ähnliche Maschine auf den Markt gebracht. Isaac Meritt Singer verkaufte seine Nähmaschine mit großem Erfolg, worauf Howe ihn wegen Patentverletzung verklagte. Dieser Prozess zog sich über einen längeren Zeitraum dahin, Singer war der Ruhm zwar egal, doch das Geld war ihm wichtig. Der Richter entschied letztendlich, dass sich die Beiden den Gewinn von Singers Nähmaschinen teilen mussten.

Kühlschrank
(Kältemaschine)

1834

Jacob Perkins
USA

Schon seit frühester Menschheit war es ein Problem, schnellverderbliche Lebensmittel über einen längeren Zeitraum aufzubewahren. Über die Jahrhunderte ließ man sich verschiedene Methoden einfallen, die Zeit bis zum Verderb der Lebensmittel möglichst herauszuzögern. Fleisch und Fisch zum Beispiel ließ man trocknen oder legte sie in Salz ein. Obst und Gemüse wurden eingekocht. Die wohl beliebteste Art Lebensmittel frisch zu halten ist jedoch Kälte. Zunächst bewarten die Leute ihre Vorräte in Erdlöchern oder später im Keller auf. Reichere Leute kauften sich einen Eisschrank. Dies war ein Schrank, dessen Wandungen man mit Eis auffüllte. So war es im Inneren des Schrankes immer schön kühl. Doch leider musste das Eis zur damaligen Zeit noch mühsam im Gebirge geschlagen und ins Tal transportiert werden. Außerdem musste das Eis täglich einmal neu aufgefüllt werden.

1834 baute der in England lebende Amerikaner Jacob Perkins die erste Kompressionskältemaschine. Sie funktionierte mit Äther, welcher in Kühlschlangen verdampfte (dabei entsteht Kälte) und anschließend durch Kompression wieder verflüssigt wurde. Perkins *Äthereismaschine* war jedoch sehr gefährlich, es kam schon mal vor, dass sie einfach explodierte. Nichts desto trotz war dies wohl der erste funktionsfähige Kühlschrank.

Einen weiteren großen Schritt auf dem Weg zum modernen Kühlschrank machte der deutsche Ingenieur Carl von Linde. Er veröffentlichte im Jahre 1870 einen Artikel über die „ Wärmeentziehung bei niedrigen Temperaturen durch mechanische Mittel".

1873 hielt er beim internationalen Bierbraukongress auf der Weltausstellung in Wien einen Vortrag über dieses Thema. Nachdem die vergangenen Winter recht warm ausgefallen waren und die Brauereien das Eis für die Kühlkeller aus Tirol kommen lassen mussten, hatte man für von Lindes Vortrag über die Möglichkeit eine Kältemaschine zu bauen, ein offenes Ohr.

Der Münchener Großbrauer Gabriel von Sedlmayr war dermaßen von Lindes Konzept beeindruckt, dass er sich bereiterklärte den Bau von Lindes erster Kältemaschine zu finanzieren. Noch im selben Jahr wurde ein Prototyp der *Ammoniak-Kompressionskältemaschine* bei der Sedlmayr Brauerei in München aufgestellt. 1876/77 wurde von Lindes Erfindung patentiert. 1877 war es von Linde erstmals gelungen, Luft zu verflüssigen.

Der Vorteil der Kältemaschine von von Linde, gegenüber der von Perkins bestand darin, dass sie zum einen sicher war und darüber hinaus auch noch universell einsetzbar.

Noch bevor von Linde 1879 die *Gesellschaft für Linde's Eismaschinen* (später Linde AG) gründete, hatte er bereits 20 Kälteanlagen in Europa ausgeliefert.

Der erste Kühlschrank für den Hausgebrauch wurde 1913 in Chicago verkauft. In Deutschland sind heute umweltfreundliche, FCKW-freie Kühlschränke gebräuchlich. Diese kamen erstmals 1992 auf dem Markt.

Adventskranz 1839

Johann Hinrich Wichern
Deutschland

Im Jahr 1833 startete der Begründer der Inneren Mission, Johann Hinrich Wichern sein neuestes Projekt. Der evangelische Theologe, eröffnete im Hamburger Stadtteil Horn das *Rauhe Haus*, eine Anstalt, die gefährdete Jugendliche aufnahm.

1839 (ein Jahr an dem der 1. Advent am 1. Dezember war) ließ Johann Wichern zum 1. Advent einen wagenradgroßen Holzkranz im Betsaal des *Rauhen Hauses* aufhängen. Bestückt war dieser Holzkranz, mit 23 Kerzen, 4 großen weißen für die Adventssonntage und 19 kleineren roten, für die übrigen Tage bis zum Heiligen Abend.

Johann Wichern erläuterte seinen Zöglingen, den Sinn der Adventszeit. Er erklärte dass, der Kerzenkranz die Ankunft des Lichtes der Welt, die Geburt Jesus Christi, symbolisieren soll. Jeden Tag bis Christi Geburt solle bei den Andachten eine weitere Kerze entzündet werden.

Der Adventskranz fand großen Anklang, sodass von nun an in jeder Adventszeit ein Adventskranz im Betsaal des *Rauhen Hauses* aufgehängt wurde.

1860 wurde Wicherns Adventskrans zum ersten Mal mit Tannenzweigen versehen. Die immergrünen Zweige sind nicht nur das einzige Grün, das der mitteleuropäische Wald im Winter hergibt, man wählt sie aus bestimmtem Grund. Schon in vorchristlicher Zeit schmückten die Leute ihre Häuser mit immergrünen Zweigen. Man sagt ihnen nach, dass sie den guten Geistern des Waldes als Zuflucht dienen und Dämonen fernhalten.

Auch wenn die Mode uns heutzutage fast jährlich neue Farbtrends zur Weihnachtszeit vorschreibt, bleiben seit alters her *Grün* und *Rot* die dominierenden Weihnachtsfarben. Dabei soll *Grün* die Treue Jesus gegenüber den Menschen symbolisieren und *Rot* gilt als Andenken für das Blut, das er für uns vergossen hat.

Im selben Jahr in dem der Adventskranz zum ersten Mal begrünt wurde, führte Johann Wichern seine Erfindung auch im Waisenhaus von Berlin-Tegel ein.

Um 1870 begann ein Pastor aus Pommern an den Adventssonntagen jeweils eine Kerze am Weihnachtsbaum, und später auf einem Kranz zu entzünden. Mittlerweile hatte man sich auf 4 Kerzen für die Adventssonntage beschränkt. Etwas später stellten dann auch viele Familien im protestantischen Norden in der Vorweihnachtszeit einen Adventskranz auf. Diese häusliche Variante hatte ebenfalls nur 4 Kerzen und konnte somit auch etwas kleiner gehalten werden. In Köln wurde 1925 zum ersten Mal auch ein Adventskranz in einer katholischen Kirche aufgestellt. Nach dem ersten Weltkrieg, breitete sich dieser Brauch auch bei Katholiken und Protestanten in Süddeutschland, der Schweiz und in Österreich aus. Heutzutage gibt es Adventskränze in allen nur erdenklichen Variationen und Farben. Das Original von Johann Hinrich Wichern, mit einer Kerze für jeden Tag der Adventszeit, dürfte aus Platzgründen jedoch kaum noch anzutreffen sein.

Gummi
(vulkanisiert)

1839

Charles Nelson Goodyear
USA

Am 29. Dezember 1800 wird Charles Goodyear, als ältester Sohn einer achtköpfigen Bauernfamilie, in New Haven, Connecticut geboren. Mit 17 Jahren zog er nach Philadelphia und begann dort eine Lehre als Händler. Nach seiner Ausbildung kehrte er in den elterlichen Betrieb zurück, um dort mit anzupacken. Ständig erzählte er von seinen Plänen, einen eigenen Laden zu eröffnen und schnelles Geld zu verdienen. 1826 gelang es ihm schließlich, sich ein wenig Kapital zu leihen und zusammen mit seinem Vater und seinem Bruder Henry einen Eisenwarenladen zu eröffnen. Anfangs lief das Geschäft so gut, dass sie expandierten, doch die im Jahr 1929 einsetzende Weltwirtschaftskrise bedeutete schnell das Aus für den Laden. Die Gläubiger verlangten ihr Geld zurück und die Goodyears mussten fast ihren gesamten Besitz verkaufen. Charles Goodyear war mittlerweile verheiratet und hatte selbst eine fünfköpfige Familie zu versorgen. Er wusste, dass er seine Schulden nie allein durch Lohnarbeit zurückzahlen konnte und beschloss Erfinder zu werden. Er hatte zuvor bereits ein paar Patente auf diverse Eisenwaren angemeldet, doch ein Erfolg blieb bisweilen aus. Stets die Augen offen haltend, stieß Goodyear eines Tages auf einen kleinen Laden in Manhattan, in dem Kautschukartikel angeboten wurden. Er war gleich fasziniert von den wasserdichten Produkten, ganz besonders von den Schuhen und den Regenmänteln. Selbst

48

als der Geschäftsführer die Probleme des Kautschuks und den damit verbundenen Absatzrückgang erläuterte, wich seine Begeisterung kaum. Das Hauptproblem des Kautschuks bestand darin, dass er bei sommerlichen Temperaturen weich und klebrig, und im Winter hart und brüchig wurde. Doch genau hier sah Goodyear seine große Chance. Er wusste, dass wenn es ihm gelingen sollte diese Nachteile zu beseitigen, sich viel Geld mit diesem Material verdienen ließ. Bald darauf besorgte er sich Kautschuk und begann in der heimischen Küche damit zu experimentieren. Obwohl die Familie Hunger litt, steckte er jeden Cent in seine Versuche, er verkaufte sogar die Schulbücher der Kinder, um seine Experimente fortzuführen. Doch leider blieb der Erfolg zunächst aus. Immer wieder musste er sich neue Geldgeber suchen, wobei er immer höhere Schulden anhäufte.

Irgendwann traf Goodyear auf Nathaniel Hayward, der ebenfalls an einem verbesserten Kautschuk arbeitete. Bei einem gemeinsamen Vergleich stellte Goodyear fest, dass Haywards Probe weniger klebrig und viel formbeständiger war. Er entlockte ihm seine Rezeptur, und sicherte sich sogleich ein Patent dafür. Obwohl er die Eigenschaften des Kautschuk dank Hayward verbessern konnte, war dieser immer noch nicht so, wie er ihn haben wollte. Erst per Zufall, als er versehentlich eine Kautschuk-Schwefel-Mischung auf dem Ofen stehen ließ, gelang Goodyear der Durchbruch. Durch die große Hitzeeinwirkung (Vulkanisation) wurde die Mischung, zu Gummi.

Photographie 1839

Joseph Nicéphore Niepce
Frankreich

Lange Zeit galt der Franzose Louis Jacques Mandé Daguerre als der Erfinder der Photographie. Und noch immer ist sein Name untrennbar mit den Anfängen der Lichtbildkunst verbunden. Die ältesten erhaltenen photographischen Aufnahmen[1], sowie das Verfahren ihrer Herstellung[2], tragen heute noch seinen Namen. Ohne Zweifel zählt Daguerre zu den Pionieren der Photographie, die ersten Erfolge auf diesem Gebiet, gehen jedoch auf seinen Landsmann und Wegbereiter Joseph Niepce zurück. Joseph Nicéphore Niepce wurde 1765 in Chalon-sur-Saône, Frankreich geboren. Wie schon viele zuvor, träumte auch er von einer Möglichkeit, den Augenblick für die Ewigkeit festzuhalten.

1793 begann er zusammen mit seinem Bruder Claude die ersten photographischen Experimente durchzuführen. Ihre große Aufmerksamkeit galt zunächst der Camera Obscura. Mit Hilfe dieser Lochkamera, gelang es Niepce 1827 die ersten Photographien zu erzeugen. Diente die Camera Obscura bisweilen nur Landschaftsmalern als Werkzeug, so nutzte Niepce diese um seine Platten zu belichten. Diese ersten Photoplatten bestanden aus Zink und waren mit Asphalt beschichtet. Er befestigte eine der Platten vor der Projektionsfläche der Lochkamera und stellte diese aufs

---

[1] Daguerreotyp, [2] Daguerreotypie, [3] griechisch für: „von der Sonne gezeichnet"

Fensterbrett. Nach etwa einer Stunde, hatte sich die Ansicht aus dem Fenster in den Hof, in die Platte eingebrannt. Zwar war dieses erste photographische Abbild der Wirklichkeit nur ein Negativ und es schwärzte bei weiterem Lichteinfall immer mehr nach bis es schließlich ganz schwarz war, doch wurde hiermit der Grundstein zur heutigen Photographie gelegt.

Unglücklicherweise konnte Niepce keine Geldgeber für sein *Heliographie[3]* genanntes Verfahren finden. Aus diesem Grund schloss er sich dem Dekorationsmaler Louis Jacques Mandé Daguerre an. In ihrer gemeinsamen Werkstatt tüftelten die beiden an immer besseren Verfahren der Photographie. Sie entwickelten die Silberiodidplatte, eine Photoplatte, die um einiges lichtempfindlicher war als die Zinkasphaltplatten. Ihr Hauptaugenmerk lag jedoch darin, aus dem negativen Bild auf der Photoplatte, ein beständiges positiv Bild zu entwickeln, welches selbst bei andauerndem Lichteinfall nicht nachdunkelt. Leider erlebte Joseph Niepce diesen Durchbruch nicht mehr, er starb 1833.

Daguerre experimentierte daraufhin alleine weiter. 1839 stellte er "sein" neuartiges Verfahren der Daguerreotypie der Öffentlichkeit vor. Daguerre strich den gesamten Ruhm für sich ein. Doch damit nicht genug, bei öffentlichen Auftritten tat er stets so, als hätte er die Photographie ganz alleine entwickelt. Darüber hinaus redete er schlecht über seinen verstorbenen Kollegen und spielte dessen Anteil an der gemeinsamen Entwicklung herunter. Damit schadete er nicht nur dem wissenschaftlichen Ansehen von Niepce, sondern erreichte es auch, dass dieser bis heute ein Schattendasein hinter ihm fristet.

Faxgerät 1842

Alexander Bain
Schottland

Faxgeräte gibt es nicht erst seit den 1980er Jahren, auch wenn sich viele daran erinnern, dass sie damals zum ersten Mal davon gehört haben.
Tatsächlich ist das Faxgerät wesentlich älter als das Telefon. Die erste Faxnachricht wurde bereits im Jahr 1842 versendet. Entwickelt wurde das Faxgerät vom schottischen Erfinder Alexander Bain. Er nannte seine Erfindung "Faksimile-Maschine", und ließ diese am 27. Mai 1843 patentiert. Das war rund 33 Jahre bevor Alexander Graham Bell sein Patent für das Telefon bekam. Die Faksimile-Maschine arbeitete bereits nach dem gleichen Prinzip, nachdem moderne Faxgeräte arbeiten, denn schon damals setzte sich das Fax aus einzelnen kleinen Bildpunkten zusammen. Bain musste seine Faxnachricht zunächst einmal aus bleiernen Lettern zusammensetzen. Diese wurden dann langsam mit einem Metallstift abgetastet. Berührte der Stift den erhabenen, reliefartigen Teil der Letter, so wurde ein Stromkreis geschlossen und ein Signal zum Empfänger gesendet. Beim Empfänger bewegte sich ebenfalls ein Metallstift, synchron zum Abtaststift über ein chemisch behandeltes Papier. Dort löste das Signal einen Stromfluss im Metallstift aus, dieser färbte das Papier an der entsprechenden Stelle schwarz. Beide Stifte mussten exakt synchron laufen, da schon bei der geringsten Abweichung nur noch Unsinn dargestellt wurde. Die Fertigung der entsprechenden Feinmechanik,

52

stellte für Alexander Bain, einen gelernten Uhrmacher, kein Problem dar. Leider war Bain seiner Zeit jedoch zu weit voraus. Kaum jemand hatte großes Interesse daran Bilder zu übermitteln und Textnachrichten ließen sich schneller telegraphieren.

Ab 1878 konnten Faxe auf optischem Weg eingelesen werden. Dazu tastet ein Lichtstrahl das Dokument ab. Solange dieser stark vom hellen Hintergrund reflektiert wird, geschieht nichts, trifft das Licht jedoch auf einen Bildpunkt, so wird es nur schwach reflektiert, dies löst ein elektrisches Signal aus. 1906 erfand der deutsche Physiker Arthur Korn das erste Fotofaxgerät. Dieses konnte optisch einlesen und ausgeben. Dazu wurde ein vom elektrischen Signal gesteuerter Lichtstrahl über Fotopapier geführt. Das Fotopapier wurde anschließend chemisch behandelt um das Dokument sichtbar zu machen. Diese chemisch entwickelnden Faxgeräte waren noch bis Ende der 70er Jahre verbreitet. Die darin enthaltenen Chemikalien verbreiteten jedoch einen sehr unangenehmen Geruch. Wurde ein solches Gerät einem potenziellen Kunden vorgeführt, so steckte sich der Verkäufer meistens vorher eine Zigarre an, um den Gestank der Chemikalien zu übertünchen. In den 80ern kam das Thermopapier und der Gestank verschwand, mit ihm aber leider auch der Inhalt der Faxnachricht, wenn man diese länger aufbewahrte. In den 90ern kamen Tintenstrahl- und Laserfaxgeräte, dank ihnen bleibt nun auch der Inhalt lesbar.

Luftreifen **1845**

Robert William Thompson
Schottland

Im Jahre 1845 war es Robert William Thompson gelungen, eine Kutsche mit luftgefüllten Reifen auszustatten. Dazu verwendete er einen Schlauch aus Segeltuch, welchen er mit Kautschuk imprägnierte. Diesen füllte er mit Luft und überzog ihn mit Leder. Nachdem die ersten Versuche mit diesem Luftreifen scheiterten, nahm Thompson noch kleine Änderungen vor. Aber auch die nachfolgenden Versionen mit mehreren Luftkammern und besserem Material, hielten den Belastungen einer Kutsche nicht stand. Obwohl es Robert Thompson zunächst nicht gelungen ist, den Kutschinsassen das Reisen etwas sanfter zu gestalten und seine Erfindung schnell wieder in Vergessenheit geriet, bleibt er der Erfinder des mit Luft gefüllten Reifens. Auch wenn Thompson wohl der erste war, der einen solchen Reifen baute, wird der Ruhm heute meist dem Schotten John Boyd Dunlop zugesprochen.
Im Jahre 1888 war es diesem gelungen, das Dreirad seines Sohnes mit einem luftgefüllten Reifen auszustatten. Angeblich hatte sich klein Johnny mal beschwert, dass die Fahrt mit seinem Dreirad über das Kopfsteinpflaster von Belfast immer so holprig sei. Daraufhin nahm sein Vater eine Gummimatte, die er zu einem Schlauch zusammenklebte und brachte diesen am Rand einer Holzscheibe an. Er füllte diesen Reifen mit einer Fußballpumpe voll Luft und überzog ihn mit einem Streifen aus Segeltuch. Johnny war sehr zufrieden mit seinen

Luftreifen, da es sich mit diesen viel bequemer fahren ließ. Glaubt man jedoch anderen Überlieferungen, so kam Dunlop aus einem anderen Grund auf die Idee mit dem luftgefüllten Reifen. Danach soll sein Sohn zuhause immer über die Holzdielen gefahren sein. Dabei soll das Metallrad einen entsetzlichen Krach gemacht haben, was ihn veranlasste den Luftreifen zu entwickeln. Sowohl der aus Schottland stammende Tierarzt John Boyd Dunlop als auch sein Landsmann Robert William Thompson, haben den Luftreifen unabhängig voneinander entwickelt. Erst als Dunlop seine Erfindung zum Patent anmelden wollte, erfuhr er, dass ihm schon jemand zuvor gekommen war. Er hatte jedoch das Glück, dass Thompsons Modell für Kutschen nicht geeignet war und somit keinen Erfolg hatte. Dunlop hatte seinen Reifen jedoch für ein Fahrrad entwickelt und diesem hielt er auch stand. Noch im selben Jahr meldete er seinen Fahrradreifen zum Patent an und hatte damit einen Riesenerfolg. Schon im darauf folgenden Jahr gründete Dunlop eine Fabrik um seinen Reifen herzustellen.

In Europa kam das Fahrradfahren gerade immer mehr in Mode und der Reifen wurde schnell zu einem Renner. 1891 gründete er mit dem Unternehmer William Harvey du Cros eine weitere Reifenfirma in Belfast, diese stellte dann auch Luftreifen für Automobile her. Bald folgten dann weitere Fabriken in Deutschland und später auch in Japan, doch schon 1895 verlässt John Boyd Dunlop das Unternehmen, das bis heute seinen Namen trägt und weltweit bekannt ist.

Kartoffelchips   **1853**

George Crum
USA

Kartoffelchips stehen auf der Liste der Lieblings-
Knabbereien bei vielen Leuten an erster Stelle. Es gibt sie
in unzähligen Geschmacksvariationen von gesalzen über
würzig bis scharf. Doch seit wann gibt es eigentlich
Kartoffelchips und wer hat sie erfunden? Darum ranken
sich verschiede Geschichten, und leider wird sich nicht
mehr mit völliger Sicherheit bestimmen lassen, welche
davon wahr ist. Meist wird die Erfindung der Kartoffelchips
dem amerikanischen Koch George Crum zugeschrieben.
Crum war indianischer Abstammung und arbeitete im
Restaurant eines Hotels in Saratoga Springs, New York.
Irgendwann im Jahr 1853 muss ein besonders
anspruchsvoller Restaurantbesucher, seine Bratkartoffeln
beim Kellner reklamiert haben. Oft wird berichtet, dass es
sich hierbei um den Kommodore Cornelius Vanderbilt, den
reichsten Mann seiner Zeit, gehandelt hat. Er, ließ sein
Essen unter der Begründung, die Kartoffelscheiben seien
viel zu dick, in die Küche zurück gehen. Da man den
Wünschen des Kunden stets nachkommen wollte, bereitete
man dem Gast eine neue Portion Bratkartoffeln. Dieses mal
waren die Kartoffeln wie gewünscht, in wesentlich dünnere
Scheiben geschnitten. Als der Kunde diese jedoch abermals
zurückgehen ließ, packe George Crum der blanke Hass. Aus
lauter Wut, schnitt er die Kartoffeln so hauchdünn wie er
nur konnte. Damit aber nicht genug, um dem Gast eins
auszuwischen frittierte er diese dann auch noch so

knusprig, dass man sie unmöglich mit einer Gabel aufspießen konnte. Doch anstatt dass sich der Herr erneut beschwert, oder gar verärgert das Hotelrestaurante verlässt, ist dieser plötzlich begeistert und lobt die Speise in den höchsten Tönen. Als Crum von der Euphorie des Gastes hörte, war dieser zunächst verdutzt. Er konnte einfach nicht verstehen, warum dieser hochnäsige Wichtigtuer nicht ausflippte, aufgrund dessen was man ihm aufgetischt hatte. Als sich George Crum mit seiner Niederlage abgefunden hatte, genehmigte er sich wohl erst einmal selbst eine Portion von seinem vermeintlichen Scherzartikel um sich eine eigene Meinung darüber zu bilden. Ob sich die Geschichte tatsächlich in etwa so zugetragen hat, und ob es sich bei dem nörgelnden Gast wirklich um Cornelius Vanderbilt handelte, lässt sich leider nicht mehr nachvollziehen. Jedenfalls ist dies die am weitesten verbreitete Geschichte über die Entstehung der Kartoffelchips. Das Rezept für die so genannten *Saratoga Chips* von George Crum, findet man in diversen amerikanischen Kochbüchern und im World Wide Web.

Der Industrie sei Dank, können wir unsere Chips aber auch fertig zubereitet kaufen. Sie werden meistens in mit Stickstoff aufgeblasenen, undurchsichtigen Tüten verkauft. Dies soll die Kartoffelchips davor bewahren zu schnell ranzig zu werden, denn sowohl Sauerstoff als auch ultraviolettes Licht lässt sie schneller verderben.

Aufzug 1853

(Personenaufzug, absturzsicher)

Elisha Graves Otis
USA

Wer seine Wohnung im dritten Stock eines Altbaus, oder sogar noch höher hat, kennt das Problem mit dem Treppensteigen. Die Einkäufe nach oben tragen, zumal wenn man nicht alles beim ersten Mal schafft, kann da ganz schön zur Tortur werden. Wie schrecklich wäre es, wenn man ins 30., 40., oder ein noch höheres Stockwerk müsste? Gott sei dank, bleibt uns das in der Regel erspart. Seit der Erfindung des Aufzuges können wir weitestgehend auf übertriebenes Treppensteigen verzichten und zuvor hatten die Häuser noch nicht so viele Stockwerke. Primitive Lastenaufzüge gab es bereits in der Antike. Man baute Kisten an Flaschenzüge, die dann mit Hilfe von Menschen, Tieren oder Wasserkraft nach oben gezogen wurden. Mitte des 19. Jahrhunderts wurden die Lastenaufzüge erstmals mit Dampfmaschinen angetrieben. Von nun an war es möglich, auch schwere Lasten in Bergwerken, Fabriken und Warenhäusern problemlos nach oben zu befördern. Schon bald war der Aufzug nicht mehr wegzudenken und immer neuere und skurrilere Modelle kamen auf den Markt. Man benutzte beispielsweise Zylinder welche die Kabine mit Wasserdruck anhoben, Zahnradantriebe, oder einen Gewindestab, der die Kabine nach oben schraubte. Das Grundmodell jedoch, welches mit Seilen und Rollen bewegt wird, hat sich letztendlich durchgesetzt. Lediglich der Antrieb und die Sicherheit wurden immer wieder modifiziert. Die Sicherheit war auch der Grund, warum es

zunächst keine Personenaufzüge gab. Immer wieder rissen die Seile, oder der Antrieb fiel aus und die Aufzugkabine stürzte in die Tiefe. Erst mit Einführung der automatischen Notbremse im Jahr 1853, fand auch der Personenaufzug immer mehr Befürworter. Erfunden wurde diese Absturzsicherung von dem Amerikaner Elisha Graves Otis. Dieser hatte die geniale Idee, Klemmsicherungen an der Aufzugkabine anzubringen. Sobald die Zugseile nicht mehr alle unter Spannung standen, drückte eine Feder die Klemmen an die Führungsschienen des Aufzuges und die Kabine kam zum stehen. Um die Sicherheit seines Personenaufzuges vorzuführen, stellte sich Otis selbst in die Aufzugkabine, während sein Assistent vor großem Publikum das Zugseil kappte. Der Aufzug kam zum stehen und noch im gleichen Jahr gründete sein Erfinder die Otis Elevator Company, den bis heute größten Produzent von Aufzuganlagen. Schon bald darauf wurde in einem New Yorker Kaufhaus, der ersten Personenaufzug installiert. 1880 stellte Werner von Siemens den ersten elektrischen Aufzug vor, dieses Modell ist bis heute aktuell.
Auch wenn Aufzüge heutzutage nicht mehr abstürzen, bleibt eine Frage offen:

Könnte ich mich, wenn ich mich in einem abstürzenden Aufzug befinden würde, mit einem Sprung vor dem Aufschlag retten?

Die Antwort lautet: „Nein“.

Erstens wissen sie nicht wann der Aufzug aufschlägt und sind somit nicht in der Lage den optimalen Absprungzeitpunkt zu ermitteln und zweitens haben sie nicht die notwendige Kraft um der dabei auftretenden kinetischen Energie entgegenzuwirken.

Streichholz 1855
(Sicherheitszündholz)

Johan Edvard Lundström
Schweden

Bereits im Jahre 1827 verkaufte der britische Chemiker
John Walker die ersten Zündhölzer. Er hatte ein Jahr
zuvor, durch Zufall die heute umgangssprachlichen,
Überall-Anzünder erfunden. Nachdem er ein Gebräu aus
Antimonsulfid, Kaliumchlorid, Gummi und Stärke
zusammengeschüttet hatte, rührte er diese mit einem
großen Holzspan um. Als er den Holzspan später noch
einmal in die Hand nahm, stellte er fest, dass am unteren
Ende noch ein getrockneter Rest seiner Mixtur hing. Um
diesen nun zu entfernen, rieb er den Holzspan einmal kurz
über den Boden. Es fing sofort an zu brennen, John Walker
hatte eine große Entdeckung gemacht. Leider weiß heute
niemand mehr mit Sicherheit, was John Walker dort
eigentlich zusammenmixen wollte. Walker ließ sich seine
Congreves wie er seine Streichhölzer nannte, jedoch nie
patentieren. Vermarktet wurde Walkers Erfindung später
von Samuel Jones, unter dem Namen *Lucifers*.
1831 dachte sich der Franzose Charles Sauria, er könnte
das Zündholz verbessern, indem er das Antimonsulfid
durch das gifte Phosphor ersetzte, was die Leute jedoch
krank machte. Unglücklicherweise entzündeten sich seine
Zündhölzer des häufigeren von selbst. Unsere Streichhölzer
wie wir sie heute kennen, sind so genannte
Sicherheitsstreichhölzer. Diese entwickelte 1855 ein
Schwede mit dem Namen Johan Edvard Lundström. Der
Sicherheitsaspekt, so überlegte er sich, bestand darin dass

sich die Streichhölzer nicht überall anzünden ließen und somit auch nicht von selbst zünden können. Dies erreichte er damit, dass er zum einen weniger Phosphor verwendete, und zum anderen durch die Trennung der Bestandteile die zum Entzünden bei Reibung am wichtigsten sind. Lundströms Streichhölzer ließen sich nur auf der dafür vorgesehenen Reibfläche entzünden. Dadurch vermiet er eine Selbstzündung beim aneinander reiben der Hölzchen. Wahrscheinlich bevorzugten die Frauen der damaligen Zeit, die neuen Sicherheitsstreichhölzer besonders, da sie ganz bequem an der separaten Reibfläche gezündet wurden und nicht wie Walkers *Überall-Anzünder* meistens an den Stiefeln, an den Dielen oder gar am Bart der Männer.

Das erste Streichholzheftchen erfand der Amerikaner Joshua Pusey im Jahr 1889. Es war gar keine schlechte Idee 50 Streichhölzer in einen kleinen Behälter mit Reibfläche zu packen, so dass man alles ordentlich und griffbereit hat. Doch Pusey machte einen bösen Fehler, er platzierte die Reibfläche im Inneren des Streichholzheftchens. Dies führte dazu, dass beim entzünden des ersten Streichholzes auch gleich die Restlichen 49 weg brannten. Pusey ließ sich das Streichholzheftchen unter dem Namen *Flexibles* patentieren. Die Firma Diamond Match Company kaufte dieses Patent und positionierte die Reibfläche an der Außenseite, sodass nicht alles sofort komplett abbrannte.

Kunststoff 1862
(halbsynthetisch)

Alexander Parkes
England

In der zweiten Hälfte des 20. Jahrhunderts, verdrängen Kunststoffe immer mehr die traditionellen Werkstoffe wie: Holz, Stein, Eisen und Glas. Heute ist dieses Material nicht mehr aus unserem Alltag wegzudenken, doch erst wenn man gezielt darauf achtet, wird einem klar, wie unentbehrlich dieser Stoff für uns geworden ist. Per Definition ist ein Kunststoff, ein synthetisch oder durch Umwandlung von Naturprodukten hergestellter Werkstoff. Demnach wurde der erste Kunststoff 1862 auf der *London International Exibition* präsentiert. Entwickelt wurde er von dem britischen Chemiker und Erfinder, Alexander Parkes. Dieser interessierte sich stets für die immer beliebter werdende Gummiindustrie. Er war fasziniert vom Erfolg des Gummis und seines Erfinders Charles Goodyear. Um an diesem Erfolg anzuknüpfen, setzte sich Parkes in den Kopf, selbst Gummi herzustellen. Er war bestrebt, einen hochwertigeren Gummi zu einem günstigeren Preis anzubieten. Dazu versuchte er zunächst einen Weg zu finden, einen dem Naturkautschuk ähnlichen Stoff auf künstlicher Basis herzustellen. Naturkautschuk war sehr teuer und trieb die Kosten für die Gummiproduktion in die Höhe. Sollte es ihm gelingen, diesen Stoff günstig nachzuahmen, könnte er einen wesentlich preiswerteren Gummi auf den Markt bringen. Parkes experimentierte mit Zellulose und verschiedenen heimischen Pflanzenölen herum. Zwar gelang es ihm dabei nicht, einen Ersatz für den Naturkautschuk zu entwickeln, doch hatte er dennoch recht bald einen Erfolg zu verbuchen. Er hatte ohne es zu beabsichtigen, den ersten Kunststoff der Welt zusammengerührt. Dieser neue Stoff wurde unter dem Namen Parkesine bekannt, man verarbeitete ihn zu Gefäßen und Messergriffen. Heute wird dieser Kunststoff Xylonit genannt, man zählt ihn zur Gruppe der halbsynthetischen Kunststoffe.

Der erste vollsynthetische Kunststoff geht auf den belgischstämmigen, amerikanischen Chemiker Leo Hendrik Baekeland zurück. Dieser sah voraus, dass die Schellackgewinnung aufgrund der immer größer werdenden Nachfrage bald an ihre Grenzen stoßen würde. Schellack ist ein Isolator, und als sich das Elektrizitätsnetz um die Jahrhundertwende stetig ausbreitete, war dieser Stoff sehr gefragt. Baekeland erkannte, dass es an der Zeit war, das Schellack durch einen neuen, günstigen und einfach herzustellenden Stoff zu ersetzen. Er entwickelte 1907 den ersten zu 100 % künstlich geschaffenen Stoff, das Bakelit. Es war nicht nur ein Isolator, sondern auch wetterbeständig und bruchfest. Aus diesem Grund wurden immer mehr Produkte und Geräte mit Teilen aus Bakelit versehen.

Seit der Einführung des Bakelit 1909, wurden etliche neue Kunststoffe mit immer spezielleren Eigenschaften entwickelt. Mal sehn was uns die nächsten 100 Jahre der Forschung auf diesem Gebiet so bringen werden.

Dynamit 1867

Alfred Nobel
Schweden

Bereits 1859 befasste sich der schwedische Chemiker Alfred
Nobel mit der Entwicklung von Sprengstoffen. Der am
meist gebräuchliche Sprengstoff der damaligen Zeit, war
das 1847 von dem Turiner Arzt Ascanio Sobrero erfundene,
jedoch sehr gefährliche, Nitroglycerin. (Nitroglyzerin wirkt
Blutdruck hemmend und wurde vor seiner Zeit als
Sprengstoff als Herzmedikament verabreicht.) 1864 kamen
bei einer Explosion in den Laboratorien von Nobel, fünf
Mitarbeiter ums Leben, daraufhin versuchte Nobel einen
sicheren Weg zum Umgang mit dem stoßempfindlichen
Nitroglyzerin zu finden. Nachdem er 1865 sein erstes Werk
in Deutschland eröffnete, führte er auch einige Versuche
auf einem Ponton auf der Elbe aus. Dabei fand er 1897
heraus, dass sich Kieselgur ganz besonders gut als
Absorptionsmittel für das ölige Nitroglyzerin eignet.
Kieselgur ist eine mehlige Masse aus den zerstoßenen
Panzern abgestorbener Algen, man verwendet es auch
häufig als Filtriermaterial, zum Beispiel im Weinbau.
Nobel ließ dreiviertel Nitroglyzerin von einem Viertel
gebranntem Kieselgur aufsaugen. Bei weiteren
Experimenten stellte er fest, dass sein neuer Sprengstoff
fünfmal stärker als Schwarzpulver ist, und viel sicherer zu
handhaben und zu transportieren als reines Nitroglyzerin.
Alfred Nobel nannte seinen neuen Sprengstoff Dynamit,
nach dem griechischen Wort *dynamis*, was für Kraft steht.
Als sich Alfred Nobel 1887 in seinem Labor in den Finger

geschnitten hatte, machte er eine weitere Entdeckung. Er trug etwas Kollodium auf seine Schnittverletzung auf um die Blutung zu stoppen. Kollodium ist ein Lösungsmittel, dass nach dem Auftragen verdampft und eine Nitrocelluloseschicht hinterlässt. Nachdem die Wunde versorgt war, kam Alfred Nobel auf die Idee, Nitroglyzerin mit dieser gelartigen Nitrocellulose aufzusaugen. Damit hatte er die Sprenggelatine erfunden. Bis zu seinem Tod, hatte Alfred Nobel 355 Patente angemeldet. Dank deren Erfolg, hatte er schließlich ein Vermögen von ca. 31 Mio. schwed. Kronen angehäuft. 1895 verfasste er in Paris sein Testament. Er verfügte darin, dass ein Teil seines Reichtums in eine Stiftung einfließen sollte, *dessen jährliche Zinsen als Preise denen zuerteilt werden, die im verflossenen Jahr der Menschheit den größten Nutzen gebracht haben.*

Des weiteren veranlasste er, dass der Nobelpreis für die Themen: Physik, Chemie, Physiologie oder Medizin und die Erhaltung des Friedens verliehen werden soll. Darauf hin wurde 1900 die Nobelstiftung gegründet. Seit 1901 werden diese Nobelpreise jährlich vergeben. 1968 stiftete die Reichsbank von Schweden einen weiteren Preis für Wirtschaftswissenschaften. Dieser wird seit 1969 genau wie die Preise für Physik und Chemie von der Königlichen Schwedischen Akademie der Wissenschaften verliehen.

Schreibmaschine 1868

Christopher Latham Sholes
USA

Die Idee eine Maschine zu entwickeln, die einem dass Schreiben erleichtert, ist schon ziemlich alt. Einige Tüftler hatten sich bereits Gedanken über den Bau einer solchen Maschine gemacht und auch versucht diesen in die Tat umzusetzen. Ein paar von ihnen hatten sogar schon ein Patent angemeldet, jedoch waren deren Erfolge zu gering um an dieser Stelle beschrieben zu werden.

Der erste, der eine erfolgreiche Schreibmaschine baute, war der Amerikaner Christopher Latham Sholes.

Er baute die erste Maschine, mit der man nicht nur schreiben konnte, sondern die einem das Schreiben tatsächlich vereinfachte. Alle vorherigen Modelle anderer Erfinder wurden entweder erst gar nicht gebaut, oder sie verkomplizierten und verlangsamten den Schreibvorgang, so sehr, dass sie unpraktisch waren.

Im Jahr 1874 brachte der Amerikanische Waffenhersteller *Remington Arms Company* die erste praktische Schreibmaschine auf den Markt.

Entwickelt wurde diese von Cristopher Sholes und seinen Partnern Carlos Glidden und Samuel Soule. Nach einiger Zeit des Experimentierens, baute Sholes zunächst ein Modell zur Demonstration, dass nur mit einer Letter ausgestattet war. Diese Letter hatte er an einem Taster eines alten Telegraphen befestigt, um das Prinzip einer Schreibmaschine vorzuführen. Daraufhin baute er einen Prototypen, der über das komplette englische Alphabet in

Großbuchstaben verfügte. Beim Drücken einer Taste, schlug ein Hebel, an dem eine Letter befestigt war, gegen ein Stück Kohlepapier, welches einen Abdruck auf dem Schreibpapier hinterließ. Der Rückzug erfolgte mit dem Betätigen eines Fußpedals und irgendwie erinnerte die Konstruktion an eine Nähmaschine der damaligen Zeit..

Der *Sholes & Glidden Type Writer* war die erste nützliche Schreibmaschine der Welt. Sholes verkaufte die Rechte an seiner Erfindung für 12.000 Dollar an die Waffenschmiede *Remington,* wo die Schreibmaschine dann in Serie gefertigt wurde.

Selbst wenn die Schreibmaschine heutzutage immer mehr in Vergessenheit gerät, verbindet uns immer noch etwas mit Sholes. Die Anordnung der Tasten, mit denen ich diese Zeilen auf meinem PC schreibe, ist immer noch dieselbe wie sie Christopher Latham Sholes für die erste Schreibmaschine verwendete[1]. Diese Anordnung die im englischen oben links mit Q W E R T Y (dt. Q W E R T Z) anfängt, wurde so gewählt, dass häufig zusammen liegende Buchstaben möglichst weit auseinander liegen. Dies verlangsamte zwar das Schreiben, war aber von Nöten damit sich die Typenhebel nicht verhakten. Als 1903 die erste elektrische Schreibmaschine auf den Markt kam, hatte sich diese Problem zwar erübrigt, doch hatte sich diese Reihenfolge bereits eingebürgert.

---

[1] Dies stimmt nicht ganz, da einzelne Tasten in anderen Ländern vertauscht wurden. In Deutschland z. B. das „Z" mit dem „Y".

Kaugummi   **1869**

Thomas Adams
USA

Leider ist heute nicht mehr bekannt, wer die erste Person war, die auf die Idee kam auf etwas Kaugummiartigem zu kauen. Aufgrund von Ausgrabungen ist darauf zu schließen dass, bereits die Maya auf dem Harz des Sapodilla Baumes gekaut haben.

Der Seemann John Curtis war im Jahre 1848 der Erste, der das Sapodilla Harz in größeren Mengen aus Mexico einführte. Er stellte daraus einen Kaugummi her, der schnell zu einem großen Erfolg wurde. Als die Nachfrage kaum noch zu decken war, suchte Curtis nach einem anderen Grundstoff für seinen Kaugummi. Er brachte den ersten auf künstlicher Basis produzierten Kaugummi auf den Markt. Hierzu verwendete er Paraffin als Rohstoff. Im Jahr 1869 experimentierte Thomas Adams mit dem Kautschuk des Sapodilla. Er versuchte es zu Gummi zu vulkanisieren, um daraus Regenstiefel, Kinderspielzeug und Fahrradreifen herzustellen. Irgendwie funktionierten seine Versuche jedoch nicht so, wie er sich das vorgestellt hatte. Enttäuscht steckte er sich ein Stückchen des Kautschuk in den Mund und kaute nachdenklich darauf herum. Während er so vor sich hin kaute, bemerkte er nicht nur, dass dieses Kauen Spaß machte, sondern es hatte auch eine beruhigende Wirkung. Darauf kam er auf die Idee, dass man diese Kaumasse ja mit Geschmacksstoffen versehen könnte. Nachdem Adams seiner Kaumasse einen Geschmack gegeben hat, eröffnete er bald darauf die

Thomas Adams Gum Company, die allererste Kaugummifabrik. 1871 ließ sich Adams eine Maschine zur Herstellung von Kaugummi patentieren. Noch im selben Jahr begann der Verkauf seines Chewing Gum in verschiedenen New Yorker Drug Stores. Der Preis pro Stück betrug damals einen Penny.

In den 1880ern entwickelte der englische Autor Richard Carlisle einen Automaten in dem er Bücher verkaufte. Die ersten Verkaufsautomaten hingen in London, 1888 machte sich Thomas Adams dieses Prinzip zu Nutze und führte die ersten Kaugummiautomaten in den USA ein. In diesen Automaten verkaufte er seine neueste Sorte, den Tutti-Frutti Gum.

Im Jahr 1899 brachte der New Yorker Drogist Franklin V. Canning den ersten Zahnpflegekaugummi auf den Markt.

Frank Fleer entwickelte im Jahr 1906 den ersten Bubble Gum. Der von ihm Blibber-Blubber genannte Kaugummi wurde jedoch niemals verkauft. Der erste Bubble Gum wie wir ihn heute kennen, wurde 1928 von Walter E. Diemer kreiert. Diemer arbeitete bei der Fleer Chewing Gum Company in Philadelphia und perfektionierte Fleers Blibber-Blubber. In seiner Freizeit experimentierte er gerne mit neuen Rezepten herum. Walter Diemer hatte keine Ahnung von Chemie, doch eines Tages mixte er zu seiner Überraschung eine Masse zusammen, die elastisch und stark genug war um Blasen zu machen. Der erst 23 Jahre alte Diemer gab zu, seinen Double Bubble mehr oder weniger durch Zufall entwickelt zu haben.

Jeans

1873

Levi Strauss
Deutschland

Levi Strauss gilt heutzutage als Urvater der Jeans.
Geboren wurde Löb Strauss (so sein Name bevor er
auswanderte) am 26.02.1829 im fränkischen Buttenheim.
Die Familie Strauss betrieb einen Hausiererhandel mit
dem der Vater, Hirsch Strauss, die Familie über Wasser
hielt. 1846 starb Vater Strauss an Tuberkulose, ein Jahr
später wanderte Mutter Rebecca und die Kinder, in der
Hoffnung auf eine bessere wirtschaftliche Zukunft, nach
New York aus.
Als in Kalifornien der Goldrausch begann, ging Levi
Strauss nach San Fransisco und gründete dort ein
Handelshaus. Er verkaufte allerlei Artikel für den
Goldgräberbedarf. Strauss stellte fest, dass die Kleidung
der Goldgräber aufgrund der äußerst harten Arbeit, schnell
verschliss. Daraufhin schneiderte er eine Arbeitshose aus
braunem Segeltuch, von dem er noch einen Ballen zum Bau
von Zelten hatte. Später fertigte er seine Hosen mit
Baumwollgewebe aus Genua. Die Hafenstadt in Italien ist
auch Namensgeber der Jeans. Dies kommt von der
amerikanischen Sprechweise des Ortes. Schnell hatte sich
der Name Jeans, für die Hosen aus Genois (genuesischen)
Stoff eingebürgert. Einer seiner Kunden, der Schneider
Jacob Davis aus Nevada, hatte ein Verfahren entwickelt,
um die Lebensdauer von Arbeitshosen zu verbessern. Er
verstärke die am meisten beanspruchten Stellen mit
Nieten.

Bei seinen ersten Modellen, platzierte Davis auch eine Niete zwischen den Beinen, dort wo sich die vier Hauptnähte treffen. Dies führte jedoch schnell zu Beschwerden, da diese Niete bei bestimmten Tätigkeiten, wie zum Beispiel beim Reiten, böse Schmerzen im Schritt verursachte. Die überarbeitete Version der Hose wurde jedoch schnell zum Renner.

1873 meldeten Jacob Davis und Levi Strauss ein Patent auf vernietete Arbeitshosen an. Davis beteiligte Strauss zwar nur mit 5 Prozent an seinem Patent, jedoch reichte dass, um die Jeans mehr als eine Milliarde mal zu verkaufen.

Eins der frühen Modelle wurde im Mai 2001 beim Onlineauktionshaus eBay versteigert. Die Firma Levi Strauss & Co. bezahlte für die Jeans, die sie vor ca. 120 Jahren für 1 Dollar verkauft hatte, einen Preis von 46.532 Dollar. Die Jeans wurde in einer alten stillgelegten Miene in Nevada gefunden. Sie war dort wahrscheinlich über ein Jahrhundert im Schlamm begraben. Man geht davon aus, dass diese Jeans in der Zeit um 1880 bis 1885 in Manchester, New Hampshire gefertigt wurde.

Levis Strauss & Co. ging mit der Zeit, kaum hatte das World Wide Web Fuß gefasst, wurden die ersten Versuche gestartet, maßgeschneiderte Ware für Frauen zu fertigen. Für einen Aufpreis von ca. 10 Dollar konnte man über einen PC beim Händler, eine Levis nach Maß bestellen. Die Daten wurden an eine Zuschneidmaschine in Tennessee übertragen, wo die Jeans hergestellt, und dann direkt an den Kunden versandt wurde.

Telefon **1875**

Alexander Graham Bell
USA

Vorraussetzung für die Entwicklung des Telefons war der 1837 von Samuel Finley Morse konstruierte Schreibtelegraph. Erst nachdem der Telegraph erfolgreich eingesetzt wurde, konnte man an die Entwicklung eines Gerätes denken, dass in der Lage war Sprache zu übertragen. Der Erste, der sich auf diesem Gebiet einen Namen gemacht hatte, war der deutsche Physiklehrer Johann Phillip Reis. Am 28. Oktober 1861 demonstrierte er vor dem Physikalischen Verein Frankfurt ein Gerät, mit dem man auf elektronischem Wege Sprache übermitteln konnte. Leider war dieser Apparat nicht sehr zuverlässig und konnte nur bedingt eingesetzt werden.

Er fand zwar trotz seiner Mängel hier und da Verwendung, konnte sich jedoch nie durchsetzten. Leider kam es auch nie zu einer Verbesserung, da die Öffentlichkeit in der damaligen Zeit mehr Interesse an der Weiterentwicklung des Telegraphen zeigte.

1875 baute Alexander Graham Bell den Prototyp des elektromagnetischen Telefons, das später den Durchbruch schaffen sollte. Bell hatte großes Glück beim Patentieren seines Telefons, denn nur zwei Stunden nachdem sein Anwalt das Patent beantragt hatte, versuchte auch der Erfinder Elisha Gray ein ähnliches Gerät patentieren zu lassen. Obwohl das Gerät von Elisha Gray in einigen Punkten ausgereifter war, wurde am 07. März 1876 Alexander Graham Bell das Patent für das Telefon zugesprochen. Am 10. März 1876 gelang es Bell seinem Assistenten Thomas A. Watson eine Nachricht über eine Strecke von rund 8 Kilometern zukommen zu lassen. Das erste Telefongespräch lautete: „Mr. Watson, come here I need you!" Die Anwesenden bei dieser Präsentation waren zunächst sehr skeptisch. Bell wurde gar als Bauchredner und Betrüger beschimpft.

Das öffentliche Interesse am Telefon blieb gering. Selbst auf der Weltausstellung 1876 in Philadelphia blieb das Gerät fast unbeachtet. Einer der wenigen, die sich für den Apparat interessierten, war der Kaiser von Brasilien. Erst als dieser sein Staunen kund tat, schenkte auch die Wissenschaft dem Telefon Beachtung.

1876 kamen die ersten Telefone nach Deutschland, jedoch nannte man sie dort bis 1980 noch offiziell „Fernsprecher". 1877 wurde die *Bell Telephone Company* gegründet. Nur drei Wochen später wurden täglich ca. 25 Telefone vermietet. Im ersten deutschen Telefonbuch von 1881 wurde nur ein einziger privater Anschluss verzeichnet. Allerdings waren Telefonbücher zur damaligen Zeit auch nicht wichtig da sowieso niemand wählen konnte. Wer telefonieren wollte, musste durch das Fräulein vom Amt weiter verbunden werden.

Dies änderte sich erst 1892 mit der Erfindung des Durchwahl-Telefonsystems. Es wurde von Almon Brown Strowger entwickelt, einem Leichenbestatter aus Kansas City. Er versuchte damit zu vermeiden, dass die Frau seines Konkurrenten, die beim örtlichen Fernamt arbeitete, seine potenziellen Kunden dem Bestattungsunternehmen ihres Mannes vermittelte

Lokomotive
(E-Lok)

1879

Werner von Siemens
Deutschland

Die elektronisch angetriebene Lokomotive, kurz E-Lok genannt, ist aus dem heutigen Bahnverkehr nicht mehr wegzudenken. Ständig werden neue Modelle mit immer ausgereifterer Technik und immer höherer Effizienz entwickelt. Legte das erste Modell noch bescheidene 6 Kilometer pro Stunde zurück, erreichen moderne Hochgeschwindigkeitszüge heute Geschwindigkeiten von über 500 Stundenkilometern. Bis zum heutigen Stand der Technik war es jedoch ein weiter Weg.

Angefangen hatte alles mit einer Wette zwischen dem Eisenwerksbesitzer Samuel Homfray und seinem Konkurrenten. Er wettete, dass er bald ein dampfbetriebenes Fahrzeug habe, das in der Lage sei, bei einer einzigen Fahrt 10 t Eisenerz zum Kanal zu ziehen. Bisher wurde diese Arbeit von kleinen Pferdewagen erledigt, was natürlich viel länger dauerte, da die Pferde lediglich ein paar Zentner pro Fahrt ziehen konnten. Homfray gab das Gefährt bei dem Erfinder und Maschinenbauer Richard Trevithick in Auftrag. Dieser hatte bereits viel Erfahrung mit Dampfmaschinen und konstruierte Dampfwagen für die Strasse. Trevithick arbeitete hart an dem viel versprechenden Projekt und im Februar 1804 war es soweit.

Die erste auf Schienen fahrende, dampfbetriebene Lokomotive der Welt hatte ihre Jungfernfahrt. Innerhalb von rund vier Stunden zog die Dampflok fünf Wagen, die

mit insgesamt 10 t Eisenerz und einem Grubenarbeiter beladen waren, zum Kanal hinüber. Samuel Homfray hatte seine Wette gewonnen und Richard Trevithick ging als Erfinder der Dampflokomotive in die Geschichte ein. Heute sieht man Dampfloks nur noch bei Nostalgiefahrten oder in den abgelegeneren Gebieten der Erde unter Dampf. Die moderne E-Lok hat den Dampfrössern schon vor langer Zeit den Rang abgelaufen. Entwickelt wurde sie von dem deutschen Ingenieur und Erfinder Werner von Siemens. Seine erste elektronisch angetriebene Lokomotive war die Hauptattraktion der Berliner Gewerbeausstellung, wo sie am 31. Mai 1879 der Öffentlichkeit vorgestellt wurde. Das Publikum war geradezu fasziniert davon, wie sich die kleine Lok dampf- und geräuschlos in Bewegung setzte. Die Elektrizität für den Antrieb des Gefährts wurde mittels eines von Siemens eigens für diesen Zweck entwickelten Kraftwerkes erzeugt. Dieses erzeugte den Strom mittels eines Dynamos der von einer Dampfmaschine angetrieben wurde. Der Strom wurde anschließend über die Schienen an die Lok weitergegeben. Hinter der Lok hingen drei Anhänger, die mit Sitzbänken ausgestattet waren. Auf diesen konnten rund zehn Personen Platz nehmen und eine Fahrt mit der Bahn erleben. In den folgenden vier Monaten, beförderte die elektrische Eisenbahn über 86.000 Besucher auf einem 300 m langen Rundkurs über das Ausstellungsgelände.
Doch trotz dieser positiven Bilanz vergingen noch über 20 Jahre, bis die ersten elektrischen Lokomotiven im Eisenbahnalltag zum Einsatz kamen.

Glühlampe 1879

Thomas Alva Edison
USA

Zweifelhaften Quellen zufolge baute 1854 ein Deutscher namens Heinrich Göbel die erste Glühlampe aus einer Kölnischwasser-Flasche und einer verkohlten Bambusfaser. Glaubt man anderen Überlieferungen, so haben bereits die alten Ägypter die Glühlampe erfunden. Warum heutzutage jedoch der Amerikaner Thomas Alva Edison als Erfinder der Glühlampe gilt und nicht der deutsche Heinrich Göbel oder gar die alten Ägypter, begründen die Anhänger dieser Theorien damit, dass es ja zur damaligen Zeit noch kein öffentliches Stromnetz gab und diese Erfindung deshalb wieder in Vergessenheit geriet. Oft wird als Erfinder der Glühlampe auch der Brite Sir Joseph Wilson Swan genannt. Er stellte seine Glühfadenlampe 1878 fertig. Jedoch hatte diese noch einige Mängel und war nie wirklich tauglich.

Für die Meisten ist Thomas Edison der Erfinder der Glühlampe, allein schon aus dem Grund, weil seine Glühlampe die erste brauchbare war. Darüber hinaus war Edison schlau genug auch gleich für den Strom zu sorgen, der erforderlich ist, damit seine Erfindung auch von der Öffentlichkeit genutzt werden konnte. Dies erreichte er, indem er 1882 in Manhattan das erste öffentliche Elektrizitätswerk errichten ließ. Für die Entwicklung eines hitzebeständigen Glühfadens testete Edison über 2000 verschiedene oder zumindest unterschiedlich behandelte Materialien. Er führte mehr als 6000 Versuche durch, bis er

76

schließlich mit seinem Ergebnis zufrieden war. Die Lösung war eine mit Kohle beschichtete Bambusfaser. Um seine Erfindung alltagstauglich zu machen, entwickelte er auch gleich das notwendige Zubehör (Fassung, Schalter usw.) für seine Glühlampe. Wahrscheinlich war dies mit der Grund, warum Thomas Alva Edison der Durchbruch gelang. Im Gegensatz zu seinen Vorgängern, lieferte er ein Komplettpaket und schuf so den Einstieg in die elektrische Beleuchtung. Zu Beginn verkaufte er seine Lampen noch günstiger als er sie produzierte, denn nur so konnte er die Leute davon überzeugen von Gas auf elektrische Beleuchtung umzusteigen. Die Glühlampe war jedoch nicht die einzige Erfindung von Thomas Edison. Er ließ sich über 1000 Erfindungen patentieren. 1870 entwickelt er ein telegraphisches Gerät, das eine Nachricht über zwei Leitungen übermittelte. 1877 ließ er sich sein Kohlenkörnermikrophon, welches Alexander Graham Bell für sein Telefon verwendete, patentieren. Im selben Jahr entwickelte er den Phonographen, das erste Gerät mit dem man zuverlässig Töne aufnehmen konnte. 1888 erfand er das Kinetoskop, eine Art Filmprojektor, der durch schnelle Aufeinanderfolge von Bildern einen Film erzeugte. 1913 produzierte er mithilfe seines Kinetoskops und seines Phonographen den ersten Tonfilm. Thomas Alva Edison ist bisher wohl der erfolgreichste Erfinder, den die Welt gesehen hat. Man kann ohne Frage behaupten, dass dieser Mann, die Welt veränderte.

Motorrad 1885

Wilhelm Gottlieb Daimler
Deutschland

Der Amerikaner Sylvester Howard Roper baute im Jahre 1867 als Erster ein maschinell angetriebenes Zweirad. Es war mit einer zweizylindrigen Dampfmaschine aufgestattet, die direkt mit dem Hinterrad verbunden war. Da seine Erfindung jedoch mit Dampf betrieben und mit Kohle befeuert werden musste, ist sie nicht wirklich mit den Motorrädern, wie wir sie heute kennen, verwandt. 1882 machte sich der deutsche Ingenieur Gottlieb Daimler zusammen mit Wilhelm Maybach selbständig. Zuvor hatten beide bei der Firma von Nikolaus Otto gearbeitet, als dort der Ottomotor entstand.

Daimler war überzeugt davon, dass die Tage des Dampfantriebes gezählt seien. Daimler und Maybach entwickelten einen Vergaser, um von nun an Benzin als Treibstoff nutzen zu können. Das erste Patent auf einen Vergaser erhielt jedoch der Engländer John Longbottom 1854. Im Jahre 1885 baute Daimler erstmals einen von Ottos Einzylinder-Verbrennungsmotoren in ein hölzernes Fahrrad ein. Das erste Motorrad, das vom Prinzip her wie die heutigen Motorräder funktionierte, war gebaut. Es hatte ein großes, metallbeschlagenes Holzrad vorne und hinten, und an den Seiten war es mit kleinen Stützrädern bestückt, die rechts und links vom Motor positioniert waren.

Die Höchstgeschwindigkeit dieses Gefährts wird auf 19 Kilometer pro Stunde geschätzt.

Daimler selbst bezeichnete seine Erfindung als den *Reitwagen,* oft wird das von Gottlieb Daimler gebaute Zweirad auch als *Einspur* bezeichnet.
1886 baute Daimler sein zweites revolutionäres Gefährt, das erste vierrädrige Automobil. Dazu baute er einen Verbrennungsmotor in eine Kutsche ein. Hierbei handelte es sich jedoch nicht um das erste Automobil, denn kurz zuvor hatte Carl Benz bereits einen Verbrennungsmotor in ein mit drei Rädern ausgestattetes Vehikel eingebaut.
1890 gründete Gottlieb Daimler die Daimler-Motoren-Gesellschaft in Cannstatt. Aus ihr ging später die Daimler-Benz AG[1] hervor.
Im November 1893 tüftelten Heinrich Hildebrand aus München, Alois Wolfmüller aus Landsberg und Hans Geisenhof ein weiteres, mit Verbrennungsmotor betriebenes Zweirad aus. Nach einigen geglückten Probefahrten wurde das mit Petroleum oder Benzin betriebene Zweirad 1894 zum Patent angemeldet. Alois Wolfmüller prägte den Begriff Motorrad und ließ sich diesen rechtlich schützen.
Ausgestattet war das Motorrad mit einem Zweizylindermotor mit Wasserkühlung. Das ca. 2,5 PS starke Fahrzeug, hatte schätzungsweise eine Höchstgeschwindigkeit von 50 Kilometern pro Stunde.
Die Kraft des Motors wurde über zwei Pleuelstangen zum Hinterrad übertragen.
Bei der Firma Hildebrand & Wolfmüller wurde 1894 das erste in Serie gefertigte Motorrad der Welt produziert.

---

[1] 1998 fusionierte die Daimler- Benz AG zusammen mit Chrysler zum DaimlerChrysler Konzern.

Automobil 1886

Carl Friedrich Benz
Deutschland

Als Geburtsdatum des Autos gilt der 29. Januar 1886. Auf dieses Datum ist die Patentschrift No. 37435 für ein Fahrzeug mit Gasmotorenantrieb ausgestellt. Patentnehmer war die *BENZ & CO. in Mannheim*, Carl Benz hatte sich beim Kaiserlichen Patentamt in der Klasse 46 für Luft- und Gaskraftmaschinen das erste Automobil patentieren lassen. Der Benz Patent-Motorwagen war ein dreirädriges Vehikel, angetrieben von einem Einzylinder-Viertaktmotor. Diesen Verbrennungsmotor hatte Benz 1878 entwickelt, er verfügte über 958 ccm Hubraum und ca. 0,75 PS.

Benz war Maschinenbauingenieur und brachte die Entwicklung des Automobils entscheidend voran. Er entwickelte nicht nur den Motor und das Fahrgestell, sondern auch noch eine elektrische Zündung, eine Wasserkühlung, den Vergaser sowie Kupplung und Schaltung, seines Gefährts. Er verbesserte seinen Motorwagen ständig und begann schließlich 1893 mit der Herstellung in kleineren Stückzahlen. Ein Jahr später wurden bereits 67 Wagen gebaut, im Jahr 1900 waren es schon 603 Wagen.

Carl Benz war jedoch nicht der Einzige, der sich Gedanken über die Entwicklung eines Automobils (automobil = Selbstfahrer) machte. Der deutsche Erfinder Wilhelm Gottlieb Daimler arbeitete nach seinem Studium in verschiedenen Maschinenfabriken; dort lernte er viel über

Gasmotoren. Später dann entwickelte er den Ottomotor weiter. Er war bestrebt, selbst einen benzingetriebenen Motor zu entwickeln. 1883 hatte er einen brauchbaren Einzylinder-Viertakt-Benzinmotor fertig gestellt und sich diesen patentieren lassen.

Im selben Jahr in dem Carl Benz seinen Patent-Motorwagen fertig stellte, baute Gottlieb Daimler seinen Motor in eine Kutsche ein und konstruiert somit das erste vierrädrige Automobil.

Nun stellt sich vielleicht die Frage, ob nicht doch Gottlieb Daimler der Ruhm gebührt, das erste Automobil gebaut zu haben. Vergleicht man sein vierrädriges benzingetriebenes Gefährt und den dreirädrigen gasberiebenen Benz, mit den heutigen Autos, könnte man sagen, dass die Daimler Motorkutsche mit den heutigen Autos mehr gemein hat.

Carl Benz hatte mit seiner Erfindung jedoch einen kleinen Vorteil, er bekam das erste Patent. Außerdem war der Patent-Motorwagen eine eigenständige ganzheitliche Konstruktion, während Daimler seinen Motor in eine Kutsche der Marke Wilhelm Wimpff & Sohn eingebaut hatte.

Während man im Geburtsland Deutschland hochwertige luxuriöse Autos baute, trat in den USA Henry Ford auf den Plan. Er war der Ansicht, dass es notwendig ist kostengünstige Fahrzeuge zu bauen, die sich auch die breite Masse kaufen kann. Henry Ford wollte möglichst schnell viele kostengünstige Fahrzeuge herstellen. Daraufhin entwickelte er die Fließbandfertigung, die 1913 in seiner Fabrik in Detroit eingeführt wurde. Sein *Modell T Car* rollte wie man so schön sagt vom Band. Im Jahr 1920 fuhren in Europa ca. 0,5 Millionen Autos über die Strassen. In den USA wahren es bereits ca. 8 Millionen Fahrzeuge.

Cola **1886**

John Styth Pemberton
USA

Der Erfinder der Cola, John Pemberton, war gelernter Apotheker und lebte in Atlanta. Er hatte dort ein kleines Labor, in dem er allerlei Medizin herstellte, die dann über Drugstores vertrieben wurde. Im Jahre 1876 las Pemberton einen Artikel über die Kokapflanze und ihre aufputschende Wirkung. Schnell versuchte er soviel wie möglich über diese Pflanze in Erfahrung zu bringen. Anschließend arbeitete er an einem Tonikum, das hilfreich bei Kopfschmerzen und Müdigkeit sein sollte. Der Apotheker hörte auch von Angelo Marianis *Vin Mariani*, einem Rotwein, dem Kokablätter zugegeben wurden, um seine berauschende Wirkung zu verbessern. Pemberton kreierte daraufhin seine *French Wine Coca*, eine Nachahmung dieses Getränkes, das schnell Beliebtheit fand. Seine Version des Gebräus profitierte, nicht nur von den Eigenschaften der peruanischen Erythroxylon-Kokapflanze, sondern auch von denen der afrikanischen Kolanuss. Als in Georgia die Zeiten der Prohibition anbrachen, ließ Permberton den Wein aus seinem Getränk weg und experimentierte den ganzen Winter des Jahres 1885 an einem neuen Rezept ohne alkoholische Zutaten herum. Im Frühjahr 1886 hatte Pemberton sein neues Tonikum Namens Cola fertig gestellt.

Es soll ein Mitarbeiter eines Drugstores gewesen sein, der auf die Idee kam, den Cola-Sirup mit Wasser zu verdünnen, um somit ein belebendes Getränk zu erhalten. Es stellte sich heraus, dass diese Mischung sehr erfrischend schmeckte. John Pemberton realisierte schnell, dass sich ein Erfrischungsgetränk viel besser verkaufen lassen würde, als eine Arznei. Daraufhin ging er im Mai 1886 zur benachbarten Jacob's Pharmacy, um dessen Inhaber ein Geschäft vorzuschlagen. Der Laden hatte eine so genannte Soda-Fontäne, die Wasser durch Zugabe von Kohlensäure zu einer Art Sodawasser machte. Er überredete den Besitzer, dem Sodawasser versuchsweise etwas von seinem Cola-Sirup hinzuzugeben. Das Ergebnis war ein wohlschmeckendes neuartiges Erfrischungsgetränk, die Cola. Als sich nun die Frage auftat, wie das neue Getränk den heißen soll, machte Pembertons Geschäftspartner einen Vorschlag. Frank Robinson schlug den Namen „Coca-Cola Sirup und Extrakt" vor. Daraus bildete sich schnell die Kurzform Coca-Cola, die heute zu einem weltbekannten Markennamen geworden ist. Kurz vor seinem Ableben 1888 verkaufte John Pemberton sein Unternehmen und damit auch die geheime Formel für die Coca-Cola an den vermögenden Investor Asa Griggs Candler. Candler gründete 1892 mit anderen Investoren „The Coca-Cola Company". Zunächst wurde die Coca-Cola nur in Geschäften mit Soda-Fontänen verkauft, doch schon 1894 kam der Händler Joseph Biedenharn auf die Idee das Getränk fertig in Fässern und Krügen zu verkaufen. Die erste Abfülllizenz für die Cola hatten die Geschäftsleute Benjamin Thomas und Joseph Whitehead. Sie baten Candler um die Genehmigung, sein Getränk in Flaschen abzufüllen, um dieses besser verkaufen zu können. Da Candler dies bisweilen zu aufwendig war, erteilte er den beiden bereitwillig eine Lizenz. In Deutschland wurde zum ersten Mal 1929 Coca-Cola abgefüllt und offiziell vertrieben.

Geschirrspülmaschine **1886**

Josephine Cochrane
USA

Oft wird davon ausgegangen, ein Mann habe die Geschirrspülmaschine erfunden. Fragt man jedoch die Personen, die dies behaupten, nach dem Namen des Erfinders, wissen sie diesen natürlich nicht. Dies mag nicht zuletzt daran liegen, dass der Geschirrspüler von einer Frau, nämlich der amerikanischen Erfinderin Josephine Cochrane erfunden wurde. Erwähnt man dieses Detail denjenigen gegenüber, die an einen männlichen Erfinder glauben, so scheint ihnen diese Tatsache aber sofort einzuleuchten. „Na klar, die Frau war den Abwasch satt und wollte sich diese Arbeit erleichtern." „Männer wissen ja oft gar nicht wie mühselig das Spülen von Hand sein kann." Aber auch mit diesen Behauptungen liegt man daneben. Josephine Cochrane gehörte zur gehobenen Gesellschaft, sie war mit einem Politiker und Kaufmann verheiratet. Selbstverständlich musste sie nach den vielen Partys und Empfängen ihres Gatten nicht selbst das schmutzige Geschirr abwaschen. Diese Arbeit wurde von den Hausangestellten erledigt. Jedoch ärgerte sich Josephine Cochrane immer wieder über Geschirr, das nicht mit der nötigen Sorgfalt behandelt wurde und zu Bruch ging. Sie wollte es nicht länger mit ansehen, wie der Bestand ihres guten Geschirrs immer kleiner wurde. Da das Personal jedoch unverbesserlich war und sie nach wie vor nicht selbst den Abwasch erledigen wollte, musste sie einen anderen Weg finden. Eine Maschine, die in der Lage war, selbständig das Geschirr zu säubern, musste her. Nach einigen Tests und mit etwas handwerklicher Unterstützung fertigte Josephine Cochrane die erste Geschirrspülmaschine der Welt. In einen Korb aus Drahtgeflecht stellte man die einzelnen Teller, Tassen usw. hinein. Dieser Korb wurde an einem Rad verankert, welches in einem kupfernen Waschkessel von einem außen angebrachten Motor angetrieben wurde. Bei eingeschaltetem Motor, drehte sich Rad mit samt dem Korb und dem darin platzierten Geschirr im Inneren des Waschkessels. Der sich drehende Korb wurde dann vom Boden des Kessels mit einem warmen Seifen-Wasser-Gemisch bespritzt. Bis heute hat sich der Aufbau einer Spülmaschine nicht grundlegend geändert. Man ist lediglich davon abgekommen das Geschirr in der Maschine rotieren zu lassen, stattdessen drehen sich heute die Sprinkler über dem ruhenden Tafelservice. Die Spülmaschine wurde für ihre Erfinderin gleich zweimal zu einem Segen; nicht nur weil sie nun ihr gespültes Porzellan nun vollzählig zurückbekam, sondern auch weil kurz nach der Erfindung ihr Mann starb und sie von nun an selbst für ihren Lebensunterhalt sorgen musste. Sie gründete eine Firma und vermarktete ihre Erfindung.

Zunächst gab es keinen großen Bedarf für die Maschine. Selbst nach ihrer Präsentation auf der 1893er Weltausstellung in Chicago interessierten sich nur Hotels und Großküchen dafür. Erst in den 1950ern verbreitete sich die Geschirrspülmaschine auch in den amerikanischen Privathaushalten.

Plattenspieler $\quad$ **1887**

Emil Berliner
Deutschland

Das erste Gerät, das in der Lage war, zuverlässig Ton aufzunehmen und abzuspielen, war der von Thomas Alva Edison konstruierte Phonograph aus dem Jahr 1877. Es war eine Art Diktiergerät, das Töne auf einen mit Stanniolpapier umwickelten Zylinder aufzeichnete. Zum Aufnehmen sprach man gegen eine Membran; diese begann dann zu schwingen und übertrug diese Schallwellen über eine Nadel an den Zylinder. Dort wurden die Schallwellen dann in Form einer Vertiefung eingeritzt. Drehte man den Zylinder unter einer darüber angebrachten Nadel, so erzeugte diese Schwingungen, welche dann von einem Schalltrichter verstärkt wurden. Das zuvor gesprochene Wort wurde vom Gerät wiedergegeben.

1887 meldete der in Deutschland geborene und in die USA ausgewanderte Emil Berliner (engl. Emile Berliner) ein Patent auf das von ihm entwickelte Grammophon an. Es handelte sich dabei um eine Weiterentwicklung des Phonographen zu einem Plattenspieler. Das Grammophon hatte einen Plattenteller, der durch eine Kurbel angetrieben wurde. Später wurde dieser Antrieb durch einen Federmechanismus modifiziert, welcher es ermöglichte das Gerät aufzuziehen. Als Tonträger verwendete Emil Berliner eine Platte aus Zinkblech, in die Rillen geätzt wurde. Die Qualität der ersten Serienschallplatten war jedoch sehr bescheiden und musste verbessert werden. Diese Verbesserung wurde durch den

Einsatz von Hartgummi als Plattenmaterial erzielt. 1889 erhält die thüringische Spielwarenfabrik *Kämmer und Reinhard* eine Lizenz für Berliners Erfindung, sie stellte den ersten handbetriebenen Plattenspieler in Deutschland her. 1896 versprach eine neuartige Pressmasse, die zu großen Teilen aus Schellack bestand, eine weitere Verbesserung der Haltbarkeit und Klagqualität. Schellack ist eine harzartige Substanz, die von Lackschildläusen abgeschieden wird. 1898 liefen die ersten Schellackplatten vom Band. Um das Jahr 1920 wurde das mechanische Verfahren der Tonaufzeichnung und Wiedergabe, wobei Schwingungen der Nadel durch ein Horn verstärkt wurden, durch ein elektromagnetisches Verfahren ersetzt.

Der wahre Durchbruch des Plattenspielers als Unterhaltungsmedium, gelang jedoch erst 1948, mit der Einführung der Langspielplatte. Sie wird aus PVC gefertigt und hat eine wesentlich höhere Haltbarkeit als die leicht zerbrechlichen Schellackplatten. Darüber hinaus hat sie eine Spieldauer von bis zu 30 Minuten pro Seite und eine deutlich höhere Klangqualität. Die Langspielplatte hat einen Durchmesser von 30 Zentimeter und wird mit einer Geschwindigkeit von 33 1/3 Umdrehungen pro Minute abgespielt.

Die *Emil Berliner Studios* in Hannover fertigten nicht nur die ersten Langspielplatten, sondern sie waren auch das erste Werk weltweit, das Musikkassetten, und CDs in Massenfertigung herstellte.

Büstenhalter 1889

Herminie Cadolle
Frankreich

Bereits in der Antike, begannen Frauen ihre Brüste zu bedecken bzw. zu stützen. Vielleicht begann diese Sitte bereits im alten Griechenland, wo es Frauen zum Teil gestattet war, an sportlichen Wettkämpfen teilzunehmen. Aufgrund von archäologischen Funden aus dieser Zeit, weiß man, dass sich die Frauen bei solchen Veranstaltungen ihre Brüste mit Lederbinden einschnürten. Zu Beginn des 16. Jahrhunderts kamen die ersten bruststützenden Kleidungsstücke in Mode. Es handelte sich dabei um Korsetts, die mit Fischbein in Form gebracht wurden. Da der Begriff des Korsetts jedoch noch nicht existiert hatte, sprach man in dieser Zeit von steifen Miedern, Leibstücken und Schnürleibern. Anfang des 19. Jahrhunderts kamen die ersten unversteiften Brustleibchen auf. Der Trend ging immer mehr zu wachsender Bewegungsfreiheit. Langsam aber sicher entwickelte sich aus dem Korsett ein Zweiteiler bestehend aus Brusthalter und Hüfthalter. 1889 meldete die französische Designerin Herminie Cadolle den ersten Büstenhalter zum Patent an.

Zwei Jahre später ließ sich der böhmische Industrielle Hugo Schindler einen Brusthalter beim kaiserlichen Patentamt patentieren. Ungefähr zur selben Zeit arbeitete auch die amerikanische Designerin Mary Phelps-Jacobs an einem Ersatz für das Mieder. Aus Stoffresten und Bändern nähte sie das erste Modell jenes Wäschestückes, aus dem sich letztendlich der moderne BH entwickelte. Und kaum da sie sich ihre Erfindung hatte patentieren lassen, gab es auch schon erste Interessenten dafür. 1914 verkaufte sie ihr Patent schließlich für 1.500 Dollar an die *Warner Brothers Corset Company.* Wahrscheinlich war dieser Verkauf auch mit ein Grund dafür, warum Mary Phelps-Jacobs wohl die berühmteste und meist genannte Erfinderin des BHs geworden ist. Sie war die Erste, deren Patent einen Käufer fand und deren Modell es bis zur industriellen Fertigung schaffte. Kein Büstenhalter zuvor war dermaßen erfolgreich und in solch hoher Stückzahl gefertigt wurden. Mary Phelps-Jacobs hatte den Grundstein für alle späteren Büstenhaltermodelle gelegt. Selbst in den neuesten BH-Modellen, finden sich die Grundzüge ihres zweckmäßigen Designs wieder.

Auch eine Deutsche machte mit einem selbst entwickelten Büstenhalter von sich reden. Die Dresdnerin Christine Hardt meldete 1895 ein "Frauenleibchen als Brustträger" zum Patent an. Es handelte sich dabei um zwei zusammen geknüpfte Taschentücher die mittels eines verstellbaren Männerhosenträgers in Position gebracht wurden. Zwar war ihr Modell weder das Erste, noch hatte es große Ähnlichkeit mit modernen Büstenhaltern, doch für viele Dresdner ist sie die eigentliche Erfinderin des BHs.

Wem auch immer wir den BH letztendlich zu verdanken haben, eines ist sicher: Es mag kaum mehr eine Frau auf dieses Wäschestück verzichten.

Kronkorken   **1891**

William Painter
Irland

Der Erfinder des Kronkorkens William Painter, wurde 1838 in Irland geboren. Im Alter von 20 Jahren wanderte er nach Amerika aus, da zur damaligen Zeit eine schwere Hungersnot in seinem Heimatland herrschte. Nachdem er sich in Baltimore niedergelassen hatte, begann er damit, einige Geräte auszutüfteln. Es stellte sich jedoch heraus, dass es für die von ihm entwickelten Geräte, kaum Interessenten gab. Niemand hatte Verwendung für sein Falschgeldprüfgerät, seine Papierfaltmaschine oder das Spülgerät für Kondome. Auch seine anderen Erfindungen hatten bis dato wenig Erfolg. Painter stellte fest, dass wenn es nur wenige Käufer für ein günstiges Produkt gibt, sich nicht viel Geld damit verdienen ließe. Es war ihm sofort klar, dass er dieses Problem damit beheben konnte, indem er etwas erfand, was sich teuer verkaufen lässt. Zu teuer darf es jedoch auch nicht sein, sonst finden sich zu wenige Käufer. Nach weiterem Überlegen, kam er zu dem Entschluss, dass er, wenn er reich werden wollte, etwas erfinden musste, dass die Leute wegwerfen. Ein günstiges Produkt, das schnell verbraucht ist und folglich neu beschafft werden muss. Seit einigen Jahren fand mit Kohlensäure versetztes Mineralwasser mehr und mehr Beliebtheit. Anfangs konnte man dieses nur in Drugstores an so genannten Soda-Fontänen genießen, später wurde es auch fertig abgefüllt, in Flaschen verkauft. Das Problem bei den Flaschen jedoch war, einen geeigneten Verschluss zu finden. Die bisher verwendeten Verschlüsse, hielten entweder dem Druck in den Flaschen nicht stand, oder das Metall reagierte mit dem Getränk und machte dieses ungenießbar.

Hier trat William Painter auf den Plan. Er entwickelte einen Verschluss der dem Druck standhielt und darüber hinaus auch noch den Geschmack des Inhalts unverändert ließ. Es handelte sie dabei um einen Metalldeckel, mit einem Korkring als Dichtung und einer Papierbeschichtung die den Kontakt von Metall und Flascheninhalt verhinderte. Mit Hilfe einer Maschine wurde der Verschluss um die Öffnung der Flasche gebogen. Beim anpressen des Metalldeckels, stauchte sich das Material am Rand und bildete 24 Zacken. Dank diesen Zacken, verteilte sich die Kraft gleichmäßig auf dem Flaschenhals. Die Zacken des Kronkorkens dienen jedoch nicht nur dazu die Flasche kraftvoll zu verschließen, sondern sie dienen auch als Ansetzpunkt für den Kapselheber um diese wieder problemlos zu öffnen.

Seinen Namen hat der Kronkorken wahrscheinlich von der Tochter von William Painter. Diese soll *It's a crown!* (Es ist eine Krone) gerufen haben, als sie die Erfindung ihres Vaters zum ersten Mal sah. Der Kronkorken hat sich bis heute kaum verändert. Mit der Einführung kleinerer Flaschenhälse hat sich die Anzahl der Zacken auf 21 reduziert und sowohl die Dichtung als auch die Beschichtung sind heute aus Kunststoff. Sein an eine Krone erinnerndes Aussehen hat sich jedoch nie geändert.

Müsli

1891

Maximilian Bircher-Benner
Schweiz

Das allseits beliebte Müsli ist von vielen Frühstückstischen kaum mehr wegzudenken. In unseren Supermärkten finden wir ganze Regale mit zig verschiedenen Müslisorten. Die meisten davon haben jedoch mit dem ursprünglichen Müsli nicht mehr viel gemeinsam. Entwickelt wurde dieses vom Schweizer Mediziner Dr. Maximilian Bircher-Benner. Dieser kreierte das Müsli im Rahmen einer Diät, die er im ausgehenden 19. Jahrhundert entwickelte. Das original *Bircher Müsli*, von Bircher-Benner selbst, stets als "d Spys" bezeichnet, setzte sich aus nur 5 Zutaten zusammen: Haferflocken, Äpfeln, Nüssen, Zitronensaft und Kondensmilch.

Während seines Studiums lernte Bircher-Benner viel über die zeitgenössische Naturheilkunde. Er war der Überzeugung, dass der Mensch von Natur aus ein Frucht- und Pflanzenesser sei und dass pflanzliche Nahrung die meiste Sonnenenergie enthält. Tiere, die sich von Pflanzen ernähren, verbrauchen die Energie, die sie daraus ziehen, zum größten Teil für sich selbst. Aus diesem Grund, so glaubte der Mediziner, sei Rohkost viel gesünder als Fleisch. So seine Philosophie. 1891 übernahm er eine kleine Arztpraxis in Zürich. Dort entwickelte er eine Diät, die ausschließlich aus Rohkost bestand. Seine Diät fand schnell Beliebtheit unter seinen Patienten. Innerhalb der nächsten 6 Jahre wuchs seine Praxis zu einer Privatklinik heran. Da die Räumlichkeiten bei weitem nicht ausreichten, eröffnete

Bircher-Benner 1902 ein großes Privatsanatorium in Zürich. Dort verabreichte er seinen Patienten seine Heilnahrung, die hauptsächlich aus Früchtespeisen und Rohgemüse bestand. Auf die Idee mit dem Müsli, kam Bircher-Benner auf einer Bergwanderung. Er war zu einer kleinen Pause auf der Alp bei einem Hirten eingekehrt, dort reichte man ihm die traditionelle Kost der Alphirten. Dabei handelte es sich um einen Brei aus zermahlenem Getreide, einem wenig Obst und ein paar Nüssen, übergossen mit frischer Milch. Bircher-Benner wunderte sich über die ungewöhnliche Speise, doch es schmeckte ihm und er war wohl gesättigt. Später, bei der Entwicklung seiner Rohkostdiät, erinnerte er sich an diesen Abend auf der Alphütte zurück. Er begann verschiedene Variationen solcher Rohkostbreis zu testen und deren Nährwert zu analysieren. So kam er auf die Kombination seines "d Spys", des heutigen Bircher Müsli. Er fand heraus, dass dieses fast soviel Eiweiß, Fett und Kohlenhydrate enthält, wie menschliche Muttermilch. Begeistert von dieser Entdeckung, pries er diese Speise als ideale diätetische Hauptmahlzeit an. Sein "d Spys" fand viele Freunde und machte in den Kreisen von Gesundheitsfernantikern schnell von sich reden.

Die Schweizer nennen die Erfindung ihres Landsmanns heute übrigens "Müesli" wohingegen die Speise über die Grenzen der Schweiz als Müsli bekannt wurde.

Reißverschluss 1893

Whitcomb L. Judson
USA

Die Geschichte des Reißverschlusses begann im Jahr 1851. Der Amerikaner Elias Howe hatte einen neuen Weg gefunden, Kleidungsstücke zu verschließen. Er erhielt ein Patent auf einen Verschluss, bei dem eine Reihe von Klammern mit einer Kordel verbunden waren. Da er seine Idee jedoch nie wirklich umsetzte kam sie auch nie auf den Markt.

Sein Landsmann Whitcomb Judson hatte ein paar Jahrzehnte später, mehr Erfolg. Als ihm das Binden der Schuhe zu lästig wurde, tüftelte er sich einen eigenen Verschluss für seine Schuhe aus. Er konstruierte zwei Metallketten die man mit Hilfe eines Schiebers so zusammenziehen konnte, dass sich die beiden Ketten gegenseitig verharkten. Er lies sich seine Erfindung patentieren und präsentierte sie 1893 als *Clasp Locker* (Hakenschließer) für Schuhe auf der Weltausstellung in Chicago.

Die Urform des Reißverschlusses war geboren und sorgte gleich für Furore. Viele Leute, die von dieser Erfindung gehört hatten, wollten von nun an auch ihre Schuhe auf solch bequeme Art und Weise schließen.

Einer der begeisterten Besucher dieser Weltausstellung, war der US-Oberst Lewis Walker. Er machte recht bald Nägel mit Köpfen und gründete eine Firma, die Judsons Reißverschluss produzierte. Seine Firma, die „Automatik Hook & Eye Company" mit dem Sitz in Pennsylvania, wurde später in „Walkers Universal Fastener Company" umbenannt. Judsons Reißverschlussmodell musste jedoch bald modifiziert werden, da es sich zu leicht öffnete. 1902 kam dieses Modell mit dem Namen *C-Curity* auf den Markt. Der wahre Durchbruch gelang Judson und Walker erst 1913 dank der Weiterentwicklung eines ihrer Mitarbeiter. Der Schwede Gideon Sundback beschäftigte sich ein Jahr lang mit der Funktionsweise des *Judson C-Curity Fastener* und entwickelte anschließend den *Separable Fastener*. Bei dem *Separable Fastener* handelt es sich um das noch heute gebräuchliche Modell, bei dem zwei biegsame Stoffstreifen mit Metall- oder Kunststoffzähnen versehen werden. Diese werden dann mit einem keilförmigen Schließer zusammengepresst und verzahnen sich gegenseitig.

Der erste Massenartikel, der mit diesem Reißverschluss versehen wurde, war ein Geldbeutel. Später erst folgten dann Kleidungsstücke, nachdem die US-Marine zu Beginn des ersten Weltkrieges gute Erfahrungen mit einem Reißverschluss an einer wetterfesten Jacke machte. Der erste zivile Artikel mit modernem Reißverschluss war eine Art Überschuh, den die Firma B. F. Goodrich 1923 auf den Markt brachte.

Ein Mitarbeiter der B. F. Goodrich Company prägte auch den nicht nur im amerikanischen Raum gebräuchlichen Namen *Zipper* (englisch für Reißverschluss).

Radio 1893

(Rundfunk)

Nikola Tesla
Kroatien

Nikola Tesla gilt als einer der bedeutendsten Pioniere der modernen Elektrotechnik.

Er war serbischer Abstammung und wurde 1856 in Smiljan im Westen des heutigen Kroatien geboren. Nach seinem Studium hatte sich der Elektroingenieur in den Kopf gesetzt, einen Weg zur kabellosen Stromübertragung zu finden. Dabei entwickelte er etliche revolutionäre Geräte. Seine wohl bekannteste Erfindung ist das Radio. Doch nicht nur mit der Erfindung des Radios, sondern auch mit der des Wechselstromgenerators, prägte er unseren Alltag. Schließlich haben wir es ihm zu verdanken, dass wir heute Wechselstrom empfangen. Tesla hatte nämlich die Patente für seinen Wechselstromgenerator an die Westinghouse Electric Corporation verkauft. Dadurch war Westinghouse in der Lage, Thomas Edison bei einer Ausschreibung für die Ausleuchtung der Weltausstellung 1893 in Chicago, preislich zu unterbieten. Danach wurde Wechselstrom nahezu weltweit zum Standard. Wäre Edison günstiger gewesen, dann würden wir heute vielleicht Gleichstrom aus unseren Steckdosen beziehen. Tesla war es nie gelungen, elektrischen Strom kabellos über größere Distanzen zu übertragen, doch er erkannte recht schnell die Möglichkeit, elektromagnetische Wellen zu übertragen. Daraufhin begann er seine Arbeiten in Richtung Rundfunktechnik zu lenken. Heute gilt er als der Pioneer auf diesem Gebiet. Die meisten Komponenten, die für die erste

Rundfunkübertragung von Nöten waren, stammen von Tesla. Doch hatte er auch Konkurrenten.

Der bekannteste war wohl der Italiener Guglielmo Marconi. Noch heute wird dieser manchmal irrtümlicher Weise als der Erfinder des Radios genannt. Marconi arbeitete an der drahtlosen Übermittlung von telegraphischen Nachrichten und erhielt dafür sogar den Nobelpreis. Marconi und Tesla kamen sich schnell ins Gehege, da Marconi behauptete, der rechtmäßige Erfinder des Radios zu sein. 1915 wurde Tesla jedoch per Gericht die alleinige Erfindung des Radios, sowie aller dazugehörigen Patente zugesprochen. Zunächst sah es schlecht aus für ihn, da bei einem Brand im März 1895 sein Laboratorium komplett zerstört wurde. Dieses Feuer warf seine Forschungen um Jahre zurück und vernichtete wichtige Beweise. Glücklicherweise konnte er belegen, dass er bereits 1893, also drei Jahre bevor Marconi seine Forschungen begann, beim Franklin-Institut in Philadelphia von seinen Versuchen berichtet hatte. Er erläuterte damals die Möglichkeiten einer drahtlosen Nachrichtenübertragung. Somit war das Radio ein Nebenprodukt, das beim Versuch entstand, kabellos Strom zu übertragen.

1901 ließ Tesla den ersten Radiosendeturm errichten. Die erste Radiosendung wurde in New York am Weihnachtsabend 1906 ausgestrahlt. Die Schiffe im Hafen hatten die Möglichkeit klassische Musik und Bibelzitate zu empfangen.

Bierdeckel 1893

Robert Sputh
Deutschland

Jeder kennt ihn, den Bierdeckel. Schon im zarten Kindesalter leistete uns ein Stapel Bierdeckel stets gute Dienste, während sich die Erwachsenen bei ein paar Bier unterhielten. Kaum war die Phase des Bierdeckelpyramidenbauens vorbei, schon nutzten wir den Deckel seinem eigentlichen Zweck entsprechend. Wir stellen unser Bier darauf ab. Doch wie kommt dieses Utensil eigentlich zu seinem Namen? Müsste es anstatt Deckel nicht korrekterweise Bieruntersetzer heißen? Ja und nein. Zum einen nutzen wir den Bierdeckel hauptsächlich als Untersetzer für unser kühles Getränk, doch seine Erfindung basiert auf seiner Funktion als Abdeckung zum Schutz vor Insekten und Laub. Vor der Erfindung des Bierdeckels nutzte man kleine Matten aus Filz als Untersetzer, um den übergelaufenen Schaum und das Kondenswasser aufzusaugen. Nach Feierabend, hängte der Wirt die Filzmatten zum Trocknen auf, sodass sie am folgenden Tag wieder verwendet werden konnten. Um das Bier vor Insekten zu schützen, verwendeten manche Leute Bierkrüge mit Zinndeckel. Da diese jedoch schon immer sehr teuer waren, blieb den weniger gut Betuchten oft nichts Weiteres übrig, als ihr Bier mit den unhygienischen Filzuntersetzern abzudecken. Wem dass zu eklig war, der musste damit rechnen, ertrinkende Fliegen in seinem Bier zu vorfinden.

So erging es auch dem Dresdner Robert Sputh. Jedes Mal wenn er eine Fliege aus seinem Bier fischte, ärgerte er sich darüber, dass er keinen Humpen mit Deckel hatte und dass die Filzuntersetzer immer so schmuddelig waren. Da er weder bereit war sich einen Krug mit Deckel zu leisten, noch diesen immer mit in den Biergarten zu tragen, entschloss er sich, das Problem anders zu lösen. Er musste entweder einen günstigeren Weg finden, sein Bier vor Insekten zu schützen, oder dafür sorgen, dass er nur noch sauere Untersetzer bekam.

Sputh entschloss sich, einen Deckel aus Pappe zu entwickeln. Er sollte so saugfähig wie Filz sein und günstig genug, dass man ihn nach Gebrauch wegwerfen konnte. Die Lösung war eine kleine, aus Zellstoff gegossene Scheibe. Damit diese auch schön saugfähig war, entwickelte Sputh eine besondere Technik. Er presste das Wasser nicht gänzlich aus dem Zellstoffbrei heraus, wie man es bei normaler Pappe oder Papier tat, sondern nur soweit, dass ein kleiner Rest Feuchtigkeit übrig blieb. Anschließend stellte er das Ganze in eine Trockenkammer wo der Rest der Flüssigkeit langsam verdampfte. Wo zuvor der Rest Wasser war, sind nun kleine Hohlräume entstanden, die dem Bierdeckel seine Saugfähigkeit verleihen.

Sputh fand schnell Interessenten für seine Erfindung, denn sein Deckel konnte sowohl als saugfähige Unterlage, als auch zum hygienischen Abdecken des Bieres genutzt werden. Kaum hatte der Bierdeckel Einzug in die Biergärten gehalten, schon wurde ihm eine weitere Funktion zuteil. Brauereien sahen in ihm einen wirksamen Werbeträger für ihr Logo.

Cornflakes 1894

John und William Kellogg
USA

Die Geschichte der Cornflakes begann bereits 1875. In jenem Jahr trat der frisch gebackene Doktor der Medizin John Harvey Kellogg seine neue Stelle als Arzt in Battle Creek, Michigan an. Er arbeitete im *Western Health Reform Institute*, einer Art Kuranstalt, in der Patienten mit Hilfe von Gymnastik, gesunder Ernährung und viel Sonnenlicht therapiert wurden. Was die Ernährung anbelangt, so legte man dort besonders großen Wert auf vegetarische Kost und den totalen Verzicht auf Kaffee, Alkohol und Tabak. Kellogg verordnete seinen Patienten viel Getreide zu essen, und kreierte zahlreiche cerealienhaltige Speisen. Ab 1880 wurde er dabei von sein Bruder William Keith Kellogg, der seit kurzem als Geschäftsführers im *Western Health Reform Institute* tätig war, unterstützt. Zusammen entwickelten sie die unterschiedlichsten Mahlzeiten auf Getreidebasis. 1894 machten sich die Brüder daran, das harte Brot, welches im Sanatorium gereicht wurde, zu verbessern. Mit allen möglichen Tricks versuchten sie es sowohl bekömmlich als auch wohlschmeckend zu machen. Sie experimentierten mit gekochtem Weizen, den sie zu einem Teig verarbeiteten. Eines Abends ließen sie irrtümlicherweise eine Schüssel von dem Teig über Nacht stehen. Am darauf folgenden Morgen war die Masse eingetrocknet und fest. Da es zur damaligen Zeit kaum denkbar war, unverdorbene Lebensmittel einfach so wegzuwerfen, überlegten die Beiden, ob sie den Teig noch irgendwie retten konnten. In der Hoffnung ihn wieder weich zu bekommen, drehten sie den Teig durch Walzen, wobei dieser in Flocken zerfiel. Diese Flocken wiederum buken sie im Ofen und servierten sie anschließend zum Frühstück. Der Mehrzahl der Patienten schmeckte die ungewohnte Kost, worauf die Gebrüder Kellogg diese fortan häufiger herstellten. Die neue Kreation erhielt den Namen *Granose* und wurde recht bald fester Bestandteil des Frühstückes im Sanatorium. Es dauerte nicht lange und das Produkt wurde auch außerhalb der Klinik bekannt.

Immer mehr Leute wollten Getreideflocken zum Frühstück. Da John Kellogg gegen eine Vermarktung der Flakes war, beschloss sein Bruder die Zusammenarbeit zu beenden und sich selbständig zu machen. William wandelte das gemeinsame Rezept ab, indem er statt den gesalzenen Weizenflakes, süße Maisflakes kreierte.

1906 gründete William Kellogg die *Battle Creek Toasted Corn Flake Company*. Zu Beginn wurden in dem kleinen Unternehmen etwa 1000 Boxen Cornflakes pro Tag produziert, doch die Nachfrage war so gewaltig, dass sich diese Zahl schnell vervielfachte. 1909 belief sich die Produktion bereits auf über 120.000 Packungen pro Tag.

1922 firmierte die *Battle Creek Toasted Corn Flake Company* schließlich zur *Kellogg Company* um.

Heute vertreibt die *Kellogg Company* über 50 Produkte in über 180 Ländern.

William Keith Kellogg starb im Alter von 91 Jahren als sehr wohlhabender und angesehener Mann.

Papiertaschentuch   **1894**

Gottlob Krum
Deutschland

Wer sich die Nase putzen will und gerade kein Taschentuch zur Hand hat, der fragt nach einem *Tempo*. Längst hat sich dieser Markenname verselbstständigt und ist zum Begriffsmonopol für Taschentücher aus Papier geworden. Spricht man über Papiertaschentücher, so verwendet man im allgemeinen Sprachgebrauch den Namen der ersten deutschen Marke für dieses Produkt: *Tempo*. Am 29.01.1929 ließen sich die Vereinigten Papierwerke in Nürnberg diesen Markennamen in die Warenzeichenrolle beim Reichspatentamt in Berlin eintragen. Erdacht hatte sich diesen Produktnamen der Mitarbeiter der Vereinigten Papierwerke Oskar Rosenfelder. Der Markenname sollte zum Zeitgeist der 20er Jahre passen, einem Jahrzehnt in dem sich Wirtschaft und Gesellschaft "in rasendem Tempo" entwickelten. Zwar haben die Vereinigten Papierwerke das Papiertaschentuch etabliert und die Marke *Tempo* groß herausgebracht, doch gebührte der Ruhm an dieser Erfindung bereits anderen.

Überlieferungen zufolge benutzte man bereits im alten China Taschentücher aus Papier. Offiziell ist das Papiertaschentuch eine Erfindung der Göppinger Papierfabrik G. Krum. 1894 ließ sich deren Inhaber, der Erfinder Gottlob Krum das "Taschentuch aus Papier" patentieren. Krum war überzeugt davon, dass wenn man ein Taschentuch nur ein einziges Mal benutzt und es anschließend entsorgt oder gar vernichtet, sich eine

Erkältung viel besser in den Griff bekommen lässt. Die bis dahin gebräuchlichen Stofftaschentücher wurden aufgrund des Aufwandes beim Waschen, stets mehrmals verwenden und beherbergten, verbreiteten somit zahlreiche Krankheitserreger.

Dank Krums Erfindung war es von nun an möglich, seine Nasenschleimhäute nur noch mit unbelasteten, frischen Taschentüchern in Kontakt zu bringen. Leider war Krum seiner Zeit etwas voraus und hatte wenig Erfolg mit dieser Idee. Einen Gegenstand nach einmaliger Benutzung gleich wegzuwerfen, war mit der schwäbischen Sparsamkeit der damaligen Zeit einfach nicht in Einklang zu bringen. Seinen wahren Siegeszug trat das Papiertaschentuch erst gut 30 Jahre später mit der Einführung des Tempo-Taschentuches an. Das *Tempo* trat genau zur rechten Zeit auf den Plan und fand schnell Beliebtheit. In den 20er Jahren war die Gesellschaft nicht nur breit für diesen Artikel, sondern sie erwartete bereits Produkte, die einem das Leben einfacher machten. Man achtete mehr und mehr auf Hygiene und war froh über jeden Fortschritt in diesem Bereich. Da kamen Taschentücher, die immer frisch waren und nie gewaschen werden mussten, sehr gelegen. Immer mehr verdrängte das Papiertaschentuch seinen herkömmlichen Vorfahren aus Stoff.

1955 wurden bereits mehr als 1 Milliarde Tempo-Taschentücher jährlich produziert. Heute wird die Traditionsmarke *Tempo* vom Konsumgüterriesen Procter & Gamble geführt.

Rasierklinge 1895

King Camp Gillette
USA

Der Amerikaner King Gillette gehört zu den wenigen Männern, für den der amerikanischen Traum Wahrheit wurde. Er hatte es sich in den Kopf gesetzt, Erfinder zu werden, doch zunächst reiste er als Handelsvertreter für Kronkorken durchs Land. Lange Jahre arbeitete er auf sein Ziel hin, mit einer neuartigen Geschäftsidee reich zu werden. Doch allein durch harte Arbeit liess sich sein Traum vom vielen Geld nicht verwirklichen. Sei größtes Vorbild war sein Vorgesetzter und Freund William Painter. Mit der Erfindung des Kronkorkens schaffte dieser bereits den großen Durchbruch, von dem Gillette immer träumte. Als Gillettes Freund pflegte William Painter immer zu sagen, dass, wenn er reich werden wolle, er etwas erfinden müsse, das die Leute wegwerfen. Dieses Prinzip brachte ihn selbst auf den äußerst profitträchtigen Kronkorken. Während seiner Handelsreisen grübelte Gillette immer wieder über Painters Philosophie nach. Zwar leuchtete ihm die Idee des Wegwerfartikels ein, doch fehlte im ein neuer, sinnvoller Anwendungsbereich. Im Alter von 40 Jahren fiel es ihm bei seiner morgendlichen Rasur wie Schuppen von den Augen. Sein Rasiermesser war mal wieder stumpf und er hatte seinen Schleifstein vergessen. Da hatte er seine neuartige Geschäftsidee, mit der er von nun an Generationen von Männern vor der misslichen Lage, in der er sich momentan befand, bewahren konnte. Der Gedanke dahinter war eine Rasierklinge, die nicht geschärft werden musste, sondern einfach durch eine neue ersetzt werden kann, sobald sie nicht mehr scharf war. Noch am selben Tag begann er damit, aus Federstahl und Messingblech den Prototypen des ersten Wegwerfrasierers der Welt zu konstruieren.

Die Umsetzung einer solchen Wegwerfklinge sollte sich jedoch noch schwierig erweisen. King Gillette fand keinen Stahl, der sich hauchdünn auswalzen und dann auch noch schärfen ließ. Erst 6 Jahre später traf er auf den Ingenieur William Nickerson, mit dessen Hilfe es ihm gelang, einen marktreifen Rasierer zu entwickeln. Zusammen gründeten die beiden die Firma Gillette und 1903 kam dann der erste Gillette-Rasierer auf den Markt. Es handelte sich dabei um eine dreifach versilberte Halterung, in die man oben eine beidseitig geschärfte Rasierklinge einspannen konnte. Für 5 Dollar erhielt man den Nassrasierer samt 20 Austauschklingen und einer Geld-zurück-Garantie bei Nichtgefallen. Das Produkt wurde zum Erfolg, schon im nächsten Jahr verkaufte die Firma Gillette 90 000 Rasierer und über 1 Million Rasierklingen.

Der wahre Durchbruch gelang dann 1917, als der amerikanische Präsident Theodore Roosevelt zum Kriegseintritt der USA 3,5 Millionen Gillette Rasierer und 32 Millionen Klingen für seine Soldaten bestellen lies. Von nun an wollte sich jeder so mühelos rasieren, wie die Soldaten der US Army. Heute gehört die börsennotierte „Gillette Co." zu den 150 größten Konzernen der Welt.

Verkehrsregelung **1900**

William Phelps Eno
USA

Im ausklingenden 19. Jahrhundert verstopfte das zunehmende Verkehrsaufkommen in unseren Metropolen immer häufiger die Straßen. Zwar hat es Verkehrsstaus auch schon im Alten Rom gegeben, doch sind uns aus dieser Zeit keine nennenswerten Innovationen zur Stauvermeidung geblieben. Ganz im Gegenteil zu den Neuerungen, die uns ein New Yorker Geschäftsmann im Jahr 1900 mit seiner Reformschrift: *"Reform in Our Street Traffic Urgently needed"*, gebracht hat. Bisher teilten sich Fußgänger, Velofahrer, Fuhrwerke und Automobile die gleichen Verkehrswege. Eno erkannte jedoch, dass dies eine der Hauptursachen für die permanenten Staus war. Andauernd kam es zum Erliegen des Verkehrsflusses, weil ein schnelleres Gefährt durch ein langsameres oder einen Fußgänger behindert wurde. Jeder benutzte die Straße, wie es ihm gerade passte. Eno erdachte Bürgersteige und Fußgängerstreifen, um die fahrenden schon mal von den nicht fahrenden Personen zu trennen. Um den Verkehrsfluss zu verbessern, schlug er Verkehrsinseln und Unter- bzw. Überführungen vor. Auch die ersten Straßenschilder zur Klärung der Vorfahrt und der Fahrtrichtung gehen auf Enos sehr beliebte Reformschrift zurück. Natürlich fühlte sich nicht gleich jeder von den neuen Verkehrsregeln angesprochen, doch nach und nach wurden die Leute, nicht zuletzt durch Androhung von Strafen, einsichtiger. Enos letzter großer Beitrag zur

Verbesserung des Straßenverkehrs, war der 1903 erfundene Kreisverkehr. Bereits 1905 wurde der *Columbus Circle* in New York als erster Verkehrsknotenpunkt dieser Art, fertig gestellt.

Kreisverkehre haben im Gegensatz zu normalen Kreuzungen den Vorteil, dass sie ein wesentlich höheres Verkehrsaufkommen für längere Zeit staufrei bewältigen können. Seit der Änderung der Vorfahrtsregeln im Kreisverkehr Anfang 2001, ist dieser auch auf deutschen Strassen immer häufiger anzutreffen. Doch nicht nur William Eno machte sich Gedanken um eine Verbesserung des Verkehrsflusses. Auch sein Landsmann und Namensvetter William Potts, ein Polizist aus Detroit, Michigan, hatte eine bahnbrechende Idee.

Potts hatte 1919 die moderne Lichtzeichenanlage für die Strasse entwickelt. Dabei handelte es sich um die elektrische Ampel, die bereits nach dem noch heute gebräuchlichen Rot-, Gelb-, Grünphasen-System arbeitete. Die ersten modernen Ampeln wurden an einer Kreuzung in Detroit und kurze Zeit später in New York aufgestellt. Vor Potts hatten auch Andere bereits mit der Einführung einer Lichtzeichenanlage experimentiert.

Das allererste Modell wurde an einer Londoner Kreuzung aufgestellt. Leider war es jedoch nicht lange in Betrieb, da die mit Gas betriebene Anlage bereits nach kurzer Zeit explodierte. 1924 wurde auch in Deutschland die erste Ampelanlage aufgestellt. Sie stand am Potsdamer Platz in Berlin und kann noch heute als Nachbau bewundert werden.

Staubsauger **1901**

Hubert Cecil Booth
England

Ende des 19. Jahrhunderts machten sich die ersten Leute Gedanken, wie man möglichst einfach den Staub aus Polstern und Teppichböden entfernen kann. Bisher musste man die Teppiche immer draußen ausklopfen, doch das war sehr aufwendig und wurde deshalb meist nur beim Frühjahrsputz gemacht. Da man die Teppiche jedoch häufiger reinigen wollte, bauten findige Tüftler tolle Gerätschaften, wie z. B. eine Art Blasebalg, mit dem man den Staub einfach wegblasen konnte. Leider kam der Staub bei dieser Methode recht bald wieder, denn er war natürlich nicht weg, sondern wurde nur aufgewirbelt.

Etwas vielversprechender waren dann schon spätere Geräte, mit denen man mittels einer Handpumpe den Staub einsaugen konnte. Dieser verfing sich dann in einem nassen Schwamm und war somit tatsächlich entfernt. Anfang des 20. Jahrhunderts kamen schließlich die ersten elektrischen Staubsauger auf.

1901 ließ sich der Brite Hubert Cecil Booth einen Aufsehen erregenden Staubsauger in England patentieren. Dieser erste Staubsauger war riesig groß und wurde als Fuhrwerk von zwei Pferden vor das zu reinigende Gebäude gezogen. Dort stellte die Putzkolonne das Staubsaugergespann ab, anschließend wurde ein ca. 200 m langer Schlauch ins Gebäude verlegt. Um auch wirklich alle Winkel des Hauses zu erreichen, musste der Schlauch oft außen an der Fassade hochgezogen und durch ein Fenster gelegt werden. Vor der

Tür wurde derweil der Staubsauger startklar gemacht. Dieser konnte wahlweise elektrisch oder mit einem Verbrennungsmotor betrieben werden und war unglaublich laut.

Da das Arbeiten mit diesem Ungetüm von Staubsauger, ziemlich beschwerlich war, wundert es einen nicht, dass das Staub saugen zur damaligen Zeit noch reine Männersache war. Um für diesen Staubsaugservice zu werben, wurden so genannte Staubsaug-Partys veranstaltet. Dabei genossen die feinen Damen eine Tasse Tee und sahen dabei zu, wie die Männer der Putzkolonne Staub saugten.

Der nächste Schritt in der Entwicklung der Staubsauger war der zumeist in den USA gebräuchliche Hausstaubsauger. Bei diesem Gerät handelt es sich um einen immer noch sehr großen Staubsauger, der im Keller fest eingebaut ist. Über ein Rohrsystem ist dieser dann mit den entsprechenden Räumen verbunden. Dort kann man dann das Stabsaugerrohr mittels eines kurzen Schlauches anschließen. Dieses System ist in den USA zwar immer noch anzutreffen, gerät aber immer mehr in Vergessenheit.

1908 ließ sich der Amerikaner James Murray Spangler den ersten tragbaren elektrischen Staubsauger patentieren. Diesen baute er angeblich aus einem alten Ventilator, einem Kissenbezug und einer Holzkiste.

Spangler verkaufte sein Patent an William Hoover, den Mann seiner Cousine. Bis heute ist dessen Firma, die Hoover Company in Newton, Iowa, einer der führenden Hersteller von Staubsaugern aller Art.

Teddybär 1902

Richard Steiff
Deutschland

Der Teddybär ist nun schon seit über einem Jahrhundert das wohl berühmteste Kuscheltier im Kinderzimmer. Entwickelt wurde der erste Teddy von Richard Steiff 1902 in Giengen an der Brenz. Richard Steiff war der Neffe von Margarete Steiff, die 1880 die weltweit bekannte Firma Margarete Steiff GmbH gründete.

Angefangen hatte alles mit einem Elefanten aus Filz, der als Nadelkissen dienen sollte. Der Elefant war bei Kindern schnell als Spielzeug beliebt und wurde somit das erste, weich gestopfte textile Spieltier. 1886 hatte Margaretes Bruder, Fritz Steiff bereits 5170 Exemplare des Elefanten verkauft. Dieser Erfolg führte dazu, dass das Steiff Tier Sortiment mit anderen Tieren erweitert wurde. 1897 tritt Richard Steiff ins Unternehmen ein. Richard mochte Bären; er ging oft in den Stuttgarter Tierpark, um sie zu beobachten und zu zeichnen.

Im Frühjahr 1902 begann er an Hand seiner Zeichnungen einen beweglichen Spielzeug-Bären zu entwickeln. Im darauf folgenden Herbst war der erste Teddybär fertig gestellt. Sein Name war damals noch *Bär 55 PB*, (Bär, 55 cm, Plüsch, beweglich). Seine mit Bindfaden befestigten Arme und Beine konnte man bewegen, was den Kindern ermöglichte, ihren Bären hinzusetzen.

Bereits 1903 wurde der Bär zu einem Erfolg, als auf einer Leipziger Messe ein Amerikaner 3000 Stück dieser Bären bestellte.

Seinen heutigen Namen hat der Teddybär dem ehemaligen US-Präsidenten Theodore Roosevelt zu verdanken. Glaubt man den Erzählungen, so verschonte der jagdbegeisterte Theodore „Teddy" Roosevelt, einmal einen Jungbären. Nach tagelanger, erfolgloser Jagd, hatte jemand einen kleinen Bären an einen Baum gebunden, um Roosevelt somit die Jagd zu erleichtern. Dieser jedoch tat dem knopfäugigen Tier nichts zu leide.

Diese Geste führte dazu, dass der amerikanische Karikaturist Clifford. K. Berryman ab 1902 seine „Teddy"-Roosevelt-Karikaturen mit einem kleinen Bären versah. Die Popularität der Steiff Bären in den USA, sowie die Theodore Roosevelts und der Berryman-Cartoons mit dem *Teddy's Bär* prägten schnell den Namen Teddybär und machten ihn weltberühmt. Der Teddybär wurde ab 1907 zur Kultfigur in Europa sowie in Amerika. Wohl wissend dass der von der Firma Steiff produzierte Teddybär sehr bald Nacharmer finden wird, werden alle Steiff Tiere seit dem 1. November 1904 mit einem „Knopf im Ohr" ausgeliefert.

Der Teddybär ist und bleibt wahrscheinlich das beliebteste Kuscheltier und steht bei Groß und Klein immer noch hoch im Kurs. Selbst im heutigen Multimedia-Zeitalter drücken die Kinder erst einmal eine Zeit lang ihren geliebten Teddybären, bis dieser dann einem aktuellen Hightech-Spielzeug oder dem Computer weichen muss.

Klimaanlage 1902

Willis Haviland Carrier
USA

Schon immer wusste sich der Mensch vor Kälte zu schützen. Wer Kälte verspürt, wärmt sich an einem Feuer, zieht sich etwas Warmhaltendes an, oder er bewegt sich einfach ein wenig. Etwas schwieriger ist es da im umgekehrten Fall. Ist es einem sengend heiß, so kann man sich nur ausziehen und im Schatten aufhalten. Hält man sich jedoch in einem von der Sonne aufgeheizten Gebäude auf, so ist man der Hitze hilflos ausgesetzt. Jahrtausende half hier nur, sich und sein Heim vor zu großer Sonnenbestrahlung zu schützen oder sich eine Kühlung mit Wasser zu verschaffen. Findige Tüftler kühlten ihr zu Hause, indem sie Tücher vor ihre Fensternischen hingen und diese mithilfe einer gelochten Wasserrinne feucht hielten. Die Verdunstungskälte senkte die Raumtemperatur so bis zu 17 C° herab. Um 1900 behalf man sich, indem man Eisblöcke in die Lüftungsschächte kühlungsbedürftiger Räume legte. Die erste mechanische Klimaanlage wurde 1902 in einer Druckerei in Brooklyn, New York in Betrieb genommen. Sie sorgte dafür dass, die Luftfeuchtigkeit nahe dem optimalen Level blieb und ermöglichte so einen 4-farbigen Druck mit immer gleichbleibender Qualität. Erfunden wurde die Klimaanlage von dem Amerikaner Willis Haviland Carrier. Dieser hatte kurz zuvor sein Studium als Maschinenbauer im Bereich Elektrotechnik abgeschlossen und arbeitete seit dem bei *Buffalo Forge*.

Carrier hatte bereits seit längerem über eine Apparatur nachgedacht, die es ihm ermöglichen sollte, das Klima in Gebäuden zu verändern.

Den Durchbruch schaffte er jedoch erst, als er das Zusammenspiel der einzelnen Faktoren, die das Klima bestimmen, verstanden hatte. Dies geschah im Herbst 1902, als Carrier in Pittsburgh am Bahnsteig stand und auf seinen Zug wartete. In jener folgenschweren Nacht, zogen dichte Nebelschwaden auf, welche Carrier komplett einhüllten. Die Feuchtigkeit des Nebels legte sich auf seine Kleidung und er begann zu frösteln. Kurz überlegte er, warum ihm denn plötzlich so kalt war, da wurde es ihm bewusst. Nebel! Sollte die Luftfeuchtigkeit der Schlüssel zur Steuerung der Temperatur sein?

Carrier machte sich die ganze Fahrt Gedanken über das gerade erlebte Phänomen und beschloss, es in Zukunft der Natur gleich zu tun und die Temperatur über die Luftfeuchtigkeit zu regeln. Bisher hatte er immer nur versucht, die Temperatur zu ändern, indem er die Luft direkt abkühlte. 1904 installierte er seine Patent-Klimaanlage in einer Bank in Wisconsin, die nicht nur in der Lage war, die Luftfeuchtigkeit und die Temperatur zu regeln, sondern auch Schmutzpartikel aus der Luft zu filtern. Darüber hinaus versprühte sie einen künstlichen Nebel, welcher eine angenehme Kühlung verschaffte.

1919 wurde in New York das erste klimatisierte Kaufhaus eröffnet. Dies führte dazu, dass die Kunden an heißen Tagen nur so in die angenehm gekühlten Verkaufshallen strömten.

Thermosflasche 1903

Reinhold Burger
Deutschland

Sie hält Kaltes kalt und Warmes warm, die Thermosflasche. Der Erste, der einen isolierenden Behälter entwickelte, war der schottische Physiker und Chemiker James Dewar. Er baute 1893 ein gläsernes Gefäß in dem flüssige Luft aufbewahrt werden konnte. Da Luft nur bei Temperaturen ab −195 °C und darunter flüssig ist, musste dieses Gefäß gut isoliert sein, damit die Temperatur im Inneren nicht anstieg und die flüssige Luft nicht wieder zu Gas wurde.

Das nach seinem Erfinder benannte Dewar-Gefäß, bestand im Wesentlichen aus zwei ineinander gestellten Glasbehältern, deren Zwischenraum luftleer gemacht und versiegelt wurde. Da ein Vakuum bekanntlich ein sehr schlechter Wärmeleiter ist, entstand so eine hervorragende Isolationsschicht zwischen dem inneren und dem äußeren Behälter. Um die Isolierung des Gefäßes weiter zu verbessern, beschichtete Dewar die Innenseite der Flasche mit einer Silberschicht, die dazu diente die Wärmestrahlung zu reflektieren.

Zwar könnte auch Dewars Gefäß dazu dienen, Getränke warm oder kalt zu halten, doch verwenden wir heute die Thermosflasche für diesen Zweck, da dass Dewar-Gefäß nur bedingt alltagstauglich war. Die moderne Thermosflasche wurde 1903 vom Berliner Glasbläser Reinhold Burger erfunden. Dieser fertigte eine breite Palette an Glaswaren von sehr hoher Qualität an. Er hatte einen guten Ruf und bekam Aufträge von namhaften Kunden. Eines Tages erhielt er sogar einen Auftrag von Carl von Linde, dem Erfinder der Ammoniak-Kältemaschine. Dieser wollte flüssige Luft transportieren und benötigte zu diesem Zweck Behältnisse, die sowohl sehr gut wärmeisoliert als auch gut zu transportieren waren. Burger erinnerte sich gleich an das Dewar-Gefäß, welches bereits die Eigenschaft einer guten Isolation aufweisen konnte.

Er beschloss das Prinzip von Dewar wieder aufzugreifen und auf seinen eigenen Behälter anzuwenden. Damit dieser auch für Transporte geeignet war, musste er etwas robuster gebaut werden als sein Vorgänger. Aus diesem Grund versteifte Burger den luftleeren Zwischenraum zusätzlich mit einem Geflecht aus Draht und Asbestkugeln. Anschließend fixierte er das Ganze in einem mit Schaumstoff gepolsterten Metallgehäuse.

Als Burger sein Gefäß fertig gestellt hatte bemerkte er, dass er gar nichts Kaltes hatte um es zu prüfen. Ihm blieb nichts Weiteres übrig, als heißen Kaffee in die Flasche zu füllen, um deren Isolierwirkung zu testen. Am nächsten Morgen dann war der Kaffee immer noch heiß und schmackhaft. Reinhold Burger meldete seine Flasche zum Patent an und ließ sich den Begriff Thermos[1], als Marke schützen.

Dank ihrer neuen Bruchsicherheit und dem geringen Gewicht wurde die Thermosflasche alltagstauglich und fand bald auch in privaten Haushalten Anwendung.

---

[1] Thermos abgel. vom griechischen Präfix thermo- , was für "warm" steht.

Flugzeug 1903

Wilbur und Orville Wright
USA

Der Traum vom Fliegen ist bereits so alt wie die Menschheit selbst. Schon das italienische Multitalent Leonardo da Vinci zeichnete um 1500 die ersten Entwürfe von Fluggeräten. Der deutsche Ingenieur Otto Lilienthal beschäftigte sich mit dem Vogelflug und konstruierte daraufhin 1877 die ersten Hängegleiter. Ihre gewölbten Flügel waren denen von Vögeln sehr ähnlich. Nach seinem ersten erfolgreichen Flug 1891 unternahm Lilienthal bis zu seinem tödlichen Absturz noch über 2000 Flüge mit bis zu 300 m Länge.

Anfang des 20. Jahrhunderts revolutionierten zwei Amerikaner die Luftfahrt. Die beiden Brüder Wilbur und Orville Wright besaßen ein Fahrradverleih- und Reparaturgeschäft. Sie waren technisch sehr versiert und entwickelten 1895 ein eigenes Fahrradmodell. Darüber hinaus waren sie fasziniert von den Flugversuchen des Otto Lilienthal im ausgehenden 19. Jahrhundert. Im Jahre 1900 testeten die Gebrüder Wright in den Kill Devil Hills bei Kitty Hawk (North Carolina) ihr erstes selbst entwickeltes Segelflugzeug. Auch in den beiden folgenden Jahren experimentierten sie mit verschiedenen Gleitermodellen. Ständig testeten und verbesserten sie ihre Konstruktionen. Um mehr über die Aerodynamik ihrer Segelflugzuge in Erfahrung zu bringen, ließen sie von ihrem Angestellten Charlie Taylor einen Windkanal bauen.

116

Am 23. März 1903 beantragten sie ein Patent auf ihren ersten Entwurf eines motorgetriebenen Flugzeuges. Im darauf folgenden Winter wurde mit dem Bau des Flugzeuges, mit dem Namen *Flyer*, begonnen. Den Motor für ihren Flieger baute wiederum Charlie Taylor. Am 17. Dezember war es dann soweit; durch einen Münzwurf wurde entschieden, dass Orvill den ersten Flugversuch wagen sollte.

Der erste Motorflug der Geschichte sollte 12 Sekunden dauern, dabei legte Orvill Wright am Strand von Kitty Hawk eine Strecke von 37 Metern zurück. Bei weiteren Versuchen am gleichen Tag blieb sein Bruder Wilbur 59 Sekunden in der Luft und flog dabei 260 Meter weit.

Der *Flyer* war ein propellergetriebener Doppeldecker, bei dem das Höhenruder vorne und der Antrieb hinten angebracht war. Diese Entenflugzeug genannte Bauweise blieb bis 1908 allen anderen Konstruktionen überlegen. Erst als auch in Europa die ersten Versuchsanstalten für Luftfahrt ins Leben gerufen wurden, wurde dieses Modell überholt. Das Militär hatte das Flugzeug als neue Waffe entdeckt und gleich dessen Entwicklung vorangetrieben. 1919 brachte Hugo Junkers mit seiner *Junkers F 13* das erste Verkehrsflugzeug auf den Markt. Für den Passagierverkehr baute man jedoch der Sicherheit halber, bald 2-3 Motoren ein.

Die *He 178* der Firma *Heinkel* startete am 27. August 1939 in der Nähe von Rostock. Es war das erste mit einem Strahltriebwerk ausgerüstete Flugzeug, dessen Triebwerk *He-S3-b* von dem Physiker Dr. Hans Joachim Pabst von Ohain entwickelt wurde. Das Patent für das Jettriebwerk hatte sich der Militärpilot und Ingenieur Frank Whittle jedoch schon 1930 gesichert.

Hamburger 1904

Fletcher Davis
USA

Die Geschichte des Hamburgers begann bereits vor etwa 800 Jahren. Damals haben die Tataren ihr erbeutetes Rindfleisch unter ihre Sättel gelegt, um dieses platt zu reiten. Dieses "Plattreiten" sollte das zähe, rohe Rindfleisch etwas geschmeidiger und somit bekömmlicher machen. Noch heute wird rohes Rinderhackfleisch Tatar genannt. Matrosen sollen diese Köstlichkeit im 18. Jahrhundert über Hamburg nach Deutschland gebracht haben. Dort wurde es dann noch etwas verfeinert, indem man es würzte und briet. Die Urfrikadelle, *der Hamburger*, war geboren. 1891 taucht der Begriff „Hamburger Steak" (Hamburger Stück) erstmalig in einem Kochbuch auf. In deutschen Kochbüchern des 19. Jahrhunderts wird die Bulette auch oft als Hamburger Fleisch bezeichnet. Wie jedoch aus der losen Hamburger Frikadelle der heutige Hamburger wurde, darum kursieren verschiedene Geschichten. Es wird von einem Fünfzehnjährigen namens Charlie Nagreen berichtet, der auf einem Jahrmarkt gebratene Frikadellen verkaufte. Seine Kunden beschwerten sich mehrfach darüber, dass man von seinen Frikadellen immer so fettige Finger bekam. Daraufhin soll er auf die Idee gekommen sein, das Hamburger Fleisch zwischen zwei Sandwichscheiben zu packen.

In einer anderen Geschichte heißt es, der Imbissbesitzer Frank Menches aus Akron, Ohio sei schon 1892 auf die Idee mit dem Hamburger gekommen. Damals stand ein großes

Sommerfest an, auf dem Menches Grillwürste verkaufen wollte. Aufgrund der großen Hitze und der beschränkten Kühlmöglichkeiten, konnte ihm sein Metzger angeblich nicht genügend Würste liefern. Daraufhin beschloss Frank Menches, stattdessen Hackfleisch zu grillen und dies dann im Brötchen zu verkaufen.

Ob nun Charlie Nagreen oder Frank Menches oder noch jemand anderes derjenige war, der als erster einen Hamburger verkaufte, das werden wir wohl nie erfahren. Jedenfalls wurden um 1900 die ersten Frikadellen zwischen zwei Brothälften verkauft. Doch was ist denn nun mit dem Hamburger, wie man ihn heute in diversen Fast-Food Restaurants bekommt. Haben wir den Richard und Maurice McDonald (Gründer von McDonald's) oder James W. McLamore und David Edgerton (Gründer von Burger King) zu verdanken? Ja und nein. Natürlich bekommt man heute seine Hamburger nach Art des jeweiligen Hauses serviert, und jedes Unternehmen hat da so seine eigenen Rezepte. Doch brauchte es noch einen Pionier, der sich traute den ersten Schritt von den Frikadellenbrötchen zum modernen Hamburger zu wagen.

Dieser Wegbereiter hieß Fletcher Davis. Er war der Erste der nachweislich Hamburger mit Senf und Zwiebeln verkaufte. Er bot diese 1904 auf der Weltausstellung in Saint Louis, Missouri an und wurde dafür von der *New York Tribune* gelobt.

Zahnpasta 1907

Ottomar H. von Mayenburg
Deutschland

Wie gut, dass es sie gibt, die Zahnpasta. Wer zweimal oder besser mehrmals am Tag die Zähne putzt, verringert die Wahrscheinlichkeit, dass der nächste Zahnarztbesuch schmerzlich ausfällt. Erst seit wir Mundhygiene betreiben, gehen wir auch zum Zahnarzt. Der erkennt, wenn an unseren Zähnen etwas „faul" ist und kann diese dann frühzeitig behandeln. Noch im frühen Mittelalter, vor der Zeit der Zahnpflege, gingen diejenigen, die es sich leisten konnten, zu einem Zahnreißer. Dort wurden einem die bereits zerstörten Zähne entfernt und somit die Schmerzen gelindert. Das einzige prophylaktische Mittel, dass damals Anwendung fand, waren Gebete zur Jungfrau Apollonia, der Schutzheiligen der Zahnleiden. Hatte man jedoch versäumt, diese täglich anzubeten, so musste man auf Mittelchen zurückgreifen, die den bereits entstandenen Zahnschmerz linderten. Der Volksglaube, man könnte seine eigenen Zahnleiden lindern, wenn man den Zahn eines Toten berührt, war dabei noch die appetitlichste Behandlung. Andere Zeitgenossen hingegen empfahlen bei Zahnschmerzen, einen Brei aus Wolfs- und Hundekot vermischt mit faulen Äpfeln.

Am Anfang der Mundhygiene stand die Benutzung von Zahnpulvern und Mundwassern. Man streute das Pulver, welches hauptsächlich aus Kreide bestand, auf eine feuchte Bürste und schrubbte sich damit die Zähne. Anschließend spülte man das ganze mit einem Mundwasser wieder aus.

Der direkte Vorläufer zur Zahnpasta war die Zahnseife. Diese wurde 1852 von dem sächsischen Apotheker Adolf Heinrich August Bergmann entwickelt. Sie diente demselben Zweck wie die Zahnpasta von heute, ließ sich jedoch nicht so gut anwenden. Dass die Zahnpflege heute so einfach ist, haben wir nicht zuletzt dem Apotheker Ottomar Heinsius von Mayenburg zu verdanken. Dieser studierte Botanik und Pharmazie in Leipzig. Anschließend ging er nach Dresden und arbeitete dort in der Hofapotheke. 1901 promovierte von Mayenburg an der Philosophischen Fakultät in Leipzig und erlangte so seinen Doktor der Philosophie. Später übernahm er die Dresdener Löwen-Apotheke, über der er ein Laboratorium einrichtete. Dort tüftelte von Mayenburg 1907 an einer Reinigungspaste für den Mund. Er experimentierte mit den bereits bewährten Mitteln. Neben Zahnpulver und Mundwasser verwendete er auch diverse ätherische Öle und verschiedene Hilfsmittel für seine Zahnpasta. Er testete seine Erfindung nicht nur in etlichen Selbstversuchen, sondern ließ auch andere Leute sein neuartiges Produkt testen, um sich deren Meinung anzuhören. Als seine Tester an der Zahnpasta Interesse zeigten, füllte er Metalltuben damit und verkaufte diese. 1917 ging seine Zahnpasta dann in Serie. In Dresden-Neustadt wurde eine Produktionsstätte, die Leo Werke errichtet. Die dort produzierte Zahncreme, Marke Chlorodont, wurde für lange Zeit zur führenden Weltmarke.

Gehörschutzstöpsel **1907**

Maximilian Negwer
Deutschland

"Hast du Ohropax im Ohr, kommt dir Lärm wie Stille vor", so lautete der erste Werbeslogan des heute allseits beliebten Ohrenstöpsels, der 1908 auf den Markt kam. Sein Erfinder, der Berliner Apotheker und Drogerist Maximilian Negwer, ärgerte sich seit langem über den zunehmenden Großstadtlärm. Er sehnte sich nach etwas Ruhe und Frieden ohne Gehupe und ohne Motorenlärm. Zwar gab es damals schon Ohrenstöpsel, doch diese waren weder angenehm zu tragen, noch boten sie einen nennenswerten Lärmschutz. Negwer beschloss selbst ein Mittel gegen den Lärm zu finden. Zuvor hatte er bereits ein Fleckenwasser kreiert, welches er in seinem Geschäft verkaufte und nun setzte sich als nächstes Ziel, ein Mittel gegen den Krach zu entwickeln. Nach jahrelangem Ärger über das Getöse auf den Straßen kam ihm dann endlich der Erfolg bringende Einfall. Negwer schmökerte gerade etwas in Homers Odyssee. Ausgerechnet dieser Jahrtausende alte, griechische Epos über die Irrfahrt des Odysseus gab ihm den entscheidenden Denkanstoß zur Lösung dieses neuzeitlichen Problems, welches die Industrialisierung mit sich gebracht hatte. In Homers Klassiker sah sich der Held Odysseus der Aufgabe gestellt, sein Schiff heil am Sirenenfelsen vorbei zu bringen. Der Legende nach lockten die dort beheimateten Sirenen[1]

---

[1] reizvolle weiblichen Fabelwesen aus die griechischen Mythologie

122

vorbeifahrende Seefahrer mit ihrem betörenden Gesang an. Sobald sich deren Schiffe dem Felsen nährten, liefen diese auf Grund und versanken. Um diesem Schicksal zu entgehen, hält Odysseus seine Besatzung an, sich Bienenwachs in die Ohren zu stopfen, damit diese den Gesang erst gar nicht hörten. Er selbst setzte sich, an einen Mast angebunden, dem Sirenengesang aus. So gelang es dem griechischen Helden, sein Schiff gefahrlos am Sirenenfelsen vorbei zu manövrieren. Seine Mannschaft war fürs erste gerettet und Negwer um eine Idee reicher. Voller Begeisterung und Tatendrang formte er kleine Wachskügelchen, um deren schalldämmende Wirkung an sich zu testen. Zwar nahm Negwer den Lärm dank des Wachses deutlich weniger wahr, doch ganz so einfach wie bei Odysseus sollte die Lösung des Problems dann doch nicht sein. Zum einen ließ sich das Wachs, einmal im Ohr, nur schwer wieder entfernen und zum anderen neigte es dazu, bereits bei Körpertemperatur zu schmelzen.

Doch der Berliner Apotheker ließ sich von diesen Nachteilen nicht im Geringsten entmutigen. Er experimentierte so lange herum, bis er schließlich ein paar brauchbare Gehörschutzstöpsel in Händen hielt.

Dieser Prototyp bestand hauptsächlich aus Watte, welche in Wachs getaucht und anschließend mit Vaseline überzogen wurde. Negwer gab seiner Erfindung den Namen *Ohropax*, zusammengesetzt aus dem deutschen Wort Ohr und dem lateinischen Begriff pax, was so viel wie Frieden heißt. Drei mal "Friede fürs Ohr" kostete damals 1 Goldmark.

Kaffeefilter **1908**

Melitta Bentz
Deutschland

Die Zeiten in denen man noch aus dem Kaffeesatz lesen konnte, sind vorbei. In unseren Breiten findet man kaum noch jemanden, der vorgibt, diese Kunst zu beherrschen. Der Grund dafür ist wahrscheinlich, dass wir schon fast ein Jahrhundert lang gefilterten Kaffee trinken. Einer Dresdnerin ist es zu verdanken, dass wir heute nicht mehr einen körnigen Rückstand in unserem Bohnenkaffee haben. 1908 kam Melitta Bentz, Überlieferungen zufolge bei einem Kaffeekränzchen, auf die Idee, ihren frisch aufgebrühten Kaffee zu filtern. Die damals 35-jährige Hausfrau besorgte sich für ihren Versuch einen kleinen Messingtopf und durchlöcherte dessen Boden. In das nun siebartige Gefäß, legte sie ein Löschblatt aus einem Schulheft ihres ältesten Sohnes. Ihr Versuch sollte glücken und wurde sogleich mit einer kaffeesatzfreien Tasse Kaffee belohnt.
Melitta Bentz war die Tragweite ihrer Idee gleich bewusst. Nach säuberlicher Ausarbeitung meldete sie ihre Erfindung beim Kaiserlichen Patentamt zu Berlin an. In der Gebrauchsmusterrolle steht unter der Nummer 347895 folgende Definition: "Kaffeefilter mit nach unten gewölbtem, mit einem Abflussloch versehenem Boden und lose einliegendem Siebe".
Als sie ihr Patent in der Tasche hatte, gründete sie mit einem Startkapital von 73 Reichspfennigen, ihre eigene Firma. Noch im Dezember 1908, im gleichen Jahr ihrer

Erfindung, ließ sie das Unternehmen unter dem Namen M. Bentz ins Dresdener Handelsregister eintragen.

Die Brüder Horst und Willy Bentz wurden früh ins mütterliche Unternehmen integriert. In den 30er Jahren erkannten sie schnell das Potential des Schnellfilters. Als erste Konkurrenzprodukte angeboten wurden, zögerten die Beiden nicht lange und kauften umgehend die Rechte an *Blitz-* und *Brasilfilter* auf. Anschließend verwendeten sie deren positive Neuerungen in ihren eigenen Produkten. In den Jahren 1932 bis 1937 reifte das Filtersystem schließlich aus. Das für Melitta typische Filtersystem, bestehend aus Filterkörper und Filterpapier, wurde 1937 patentiert.

Das Filtern von Hand wird heute als etwas zu mühselig angesehen, da das Wasser nach und nach in den Filter gegossen werden muss. Auch gab es früher nur ganze Bohnen zu kaufen und man musste diese erst einmal mahlen oder im Laden mahlen lassen.

Seit 1962 hat die Firma Melitta auch eigenen Kaffee im Sortiment. Als erster Kaffeeröster in Deutschland verkauften sie ihren Kaffee gemahlen und vakuumverpackt. Fertig gemahlener Kaffee spart Zeit. Ebenfalls in den sechziger Jahren, kamen die Filterkaffee-Automaten in Mode. Mit dieser Neuerung ließ sich sogar noch mehr Zeit einsparen. Man konnte nun acht Tassen Filterkaffee in nur 6 Minuten zubereiten.

Mittlerweile geht der Trend zu Kaffeevollautomaten, die auf Knopfdruck mahlen und brühen oder zu Padmaschinen die das kochende Wasser durch ein Kaffeepad (eine Portion Kaffee in einer geschlossenen Filtertüte, vergleichbar mit einem Teebeutel) pressen. Zwar sind diese neuen Techniken äußerst Bequem und schnell, jedoch bisweilen noch relativ teuer.

Toaster **1908**

Frank Shailor
USA

Entweder man liebt es, oder man verschmäht es, das Toastbrot. Überall auf der Welt finden wir die unterschiedlichsten Sorten von Brot und nicht selten wird es auf irgendeine Art und Weise getoastet. Schon in der Bibel findet geröstetes Brot Erwähnung, da bereits die Ägypter ihre Backwaren mit diesem Verfahren trockneten, um sie länger haltbar zu machen. Das englische Wort „to toast", was soviel wie rösten bedeutet, leitet sich von „tostus" (lateinisch für getrocknet) ab. Ursprünglich haben die Menschen ihr Brot der Haltbarkeit wegen geröstet, heute jedoch dient dieser Vorgang meistens nur dem Geschmack.

Selbstverständlich kann man die unterschiedlichsten Brotsorten toasten, doch im Normalfall nimmt man heutzutage das speziell für diesen Zweck produzierte Toastbrot. Es besteht im Wesentlichen, aus einem sehr eiweißreichen Weizenmehl, welchem Milch, Fett und Zucker zugegeben wird. Dank dieser Inhaltsstoffe entstehen beim Erhitzen, die speziellen Röststoffe, denen wir das typische Toastbrotaroma verdanken. Lange Zeit musste man sein Brot am Ofen oder gar am offenen Feuer rösten, bis 1909 der erste elektrische Toaster auf den Markt kam. Im Zuge der Elektrifizierung im ausgehenden 19. Jahrhundert wurden immer mehr Elektrogeräte für den alltäglichen Gebrauch entwickelt.

1893 wurde auf der World's Colmubia Exposition in Chicago die erste elektrische Küche vorgestellt. Zwar enthielt diese noch keinen elektrischen Toaster, doch hatte sie das öffentliche Interesse an elektronischen Haushaltsgeräten geweckt. Jahrelang tüftelten diverse Ingenieure an einem elektrischen Brotröster, doch leider haperte es ständig an der Qualität der Heizelemente. 1905 gelang dem amerikanischen Ingenieur, Albert Marsh schließlich der Durchbruch. Er entwickelte einen Draht, der die Fähigkeiten, sich immer wieder schnell aufheizen zu lassen und trotzdem eine lange Lebensdauer zu gewährleisten, miteinander vereinte. Erst dieser Draht, bestehend aus einer Chrom-Nickel-Legierung, machte es möglich brauchbare Heizelemente zum Rösten von Brot zu entwickeln.

1908 wurde schließlich der erste elektrische Toaster patentiert und ein Jahr später auf den Markt gebracht. Sein Erfinder, der Amerikaner Frank Shailor war Konstrukteur bei der Firma *General Electric* in Schenectady, New York. Sein Toaster, der *D-12* war vom Grundprinzip schon wie die heutigen Standardtoaster. Er bestand im Wesentlichen aus zwei Ständern, die mit Heizdraht umwickelt waren und zwischen die man seine Scheibe Brot stecken konnte.

Erst bei späteren Modellen bekam der Toaster, wie heute üblich, ein schützendes Gehäuse, welches anfangs aus Porzellan und später aus Metall bestand. Die einzige revolutionäre Neuheit auf dem Weg zu den heutigen Modellen, war die Pop-Up-Funktion, welche das fertige Toast automatisch aus dem Inneren des Gerätes hochschnellen ließ.

Teebeutel 1908

Thomas Sullivan
USA

Der Legende nach soll Tee[1] bereits vor mehreren tausend Jahren irgendwo in China entstanden sein. Der chinesische Kaiser soll damals aus Angst vor krankheitserregenden Keimen lediglich abgekochtes, heißes Wasser getrunken haben. Eines Tages, so die Legende, wehte ihm der Wind, Blätter einer Teepflanze in seine Trinkschale. Der neue Geschmack, faszinierte ihn dermaßen, dass er dieses Getränk von nun an immer mit solchen Blättern trank. Zwar gehört diese Geschichte wohl ehr ins Reich der Märchen, doch sowohl das Alter als auch das Herkunftsland des Tees sind belegt. Man sagte dem Tee etliche Heilkräfte nach, weshalb er zunächst hauptsächlich zu medizinischen Zwecken getrunken wurde. Zunächst gelangte der Tee nach Japan und später, breitete er sich über ganz Asien aus. Gut eintausend Jahre lang, war Tee lediglich dort bekannt, bis er schließlich 1610 seinen Weg nach Europa fand. Ein Schiff der *Niederländische Ostindien-Kompanie* brachte damals die erste Ladung Tee mit nach Holland. Von dort breitete sich der Teehandel schnell über ganz Europa und später in die ganze Welt aus. Zunächst war Tee ein Luxusgut, welches hauptsächlich auf so genannten Teepartys der feineren Gesellschaft genossen wurde. Bis Anfang des 20. Jahrhunderts wurde Tee

---

[1] Per Definition bezeichnet das Wort Tee nicht nur die Teepflanze bzw. deren getrocknete Blätter und Blattknospen, sondern auch ein heißes Aufgussgetränk aus Pflanzenteilen eines oder verschiedener Gewächse.

ausschließlich lose in Metalldosen und Holzkisten verkauft. Ändern sollte sich dies erst durch die Geschäftsidee des New Yorker Teehändlers Thomas Sullivan. Er beschloss, je nach Quelle, 1904 oder 1908 seine kostenlosen Teeproben von nun an nicht mehr wie üblich in Blechdosen, sondern in Seidenbeuteln zu verschicken. Dies sparte ihm gutes Geld, denn zum einen waren die Teedosen teuer im Einkauf und zum anderen ließen sich die Seidenbeutel viel kostengünstiger versenden. Auch einige seiner Kunden hielten dieses Novum für eine gute Idee. Sie dachten, der Seidenbeutel sei dazu da, ihnen das Abseihen zu ersparen und übergossen gleich den ganzen Beutel mit heißem Wasser. Auch wenn dies gar nicht von Sullivan beabsichtigt war, die Idee gefiel und die Bestellungen häuften sich. Natürlich gab es schnell Nachahmer, die ihrerseits einen brühfertigen Tee im Beutel auf den Markt bringen wollten. Doch der Erfolg ließ lange auf sich warten. Viele Wettbewerber füllten ihre Teebeutel mit minderwertigen Teeblättern oder längten gar mit billigen Kräutern, das brachte den Teebeutel schnell in Verruf. Der Brite John Horniman nutzte dieses Problem für sich und warb damit, dass in seinen Teebeuteln nur beste Qualität zu finden sei. Leider versiegelte er seine Papierbeutel mit Klebstoff, welcher sich im Tee löste und ihn damit verunreinigte. Der heute noch gebräuchliche Doppelkammerteebeutel mit Heftklammerverschluss geht auf ein Patent der Firma Teekanne aus dem Jahr 1949 zurück.

Kondom

(nahtlos)

1912

Julius Fromm
Deutschland

Um die Entstehung der ersten Kondome, ranken sich viele Geschichten und Mythen. Man geht heute davon aus, dass bereits die alten Griechen, Tierdärme und Fischblasen zur Verhütung benutzt haben. Glaubt man die wohl am meisten verbreitete Geschichte, so haben wir zumindest den Namen dieses Verhüterlis einem gewissen Dr. Condom zu verdanken. Dieser war Leibarzt von König Charles II und wusste wohl auch über die Verwendung von Tierdärmen im alten Griechenland Bescheid. König Charles II hatte zahlreiche Liebschaften, aus denen nicht selten auch Nachwuchs hervorging. Aus diesem Grund bat er seinen Leibarzt um Rat, wie er diese ungewollten Schwangerschaften in Zukunft umgehen könne. Dr. Condom soll ihm daraufhin Hammeldärme zur Verhütung besorgt haben, weshalb dieses Verhütungsmittel noch heute seinen Namen trägt. Neben Tierdärmen fanden im Mittelalter auch Präservative aus Leder und Seide Verwendung. Diese wurden nach Gebrauch gereinigt und wieder verwendet. Die verhütende Wirkung dieser frühen Kondome ließ aufgrund des Materials und dessen Verarbeitung jedoch sehr zu wünschen übrig. Dies änderte sich erst mit der Entwicklung des Gummis im Jahr 1839. Sein Erfinder Charles Goodyear soll es auch gewesen sein, der 1855 die ersten Kondome aus diesem Material fertigte. Die ersten Gummikondome waren noch ca. 3 mm dick und wurden von Hand zusammengenäht. Die Naht kratzte

130

schmerzhaft beim Gebrauch und es war auch nie so wirklich dicht. Zwar war das Kondom aus Gummi wesentlich zuverlässiger als seine Vorgänger, doch bedurfte auch dieses, weiteren Verbesserungen.

Das erste Kondom, was seinen Zweck ordnungsgemäß erfüllte und dabei auch noch angenehm im Gebrauch war, wurde von dem Berliner Unternehmer Julius Fromm entwickelt. Fromm produzierte Gummikondome, deren Nähte ihm bereits seit langem ein Dorn im Auge waren. Er tüftelte an einer nahtlosen Variante dieses Verhütungsmittels und kam schließlich auf den brillanten Einfall, Glaskolben in flüssiges Gummi einzutauchen und dieses daran trocknen zu lassen. Das getrocknete Gummi, brauchte man so nur noch abzurollen und schon hatte man ein nahtloses, dichtes Kondom. Schnell erlangte dieses neue Produkt Serienreife und Julius Fromm stellte seine ganze Produktion darauf um.

Fromms Act wurde das erste Marken-Kondom der Welt. Ein 3er Pack kostete damals 72 Pfennige. Ab 1919 stellte Fromm die ersten maschinell gefertigten Kondome her. Noch im gleichen Jahr wurden täglich über 150.000 Stück davon produziert und einer Qualitätskontrolle unterzogen. Seit 1930 verwendet man zur Herstellung von Präservativen Latex, da dieses Material sich dünner verarbeiten lässt und angenehmer zu tragen ist als Gummi. Zwar wurden in Deutschland im Jahr 2005 ca. 200 Mio. Kondome verkauft, doch ist die Zahl der neu mit HIV Infizierten 2006 wieder um ca. 1/3 gestiegen.

Fernsehen 1921

Philo Taylor Farnsworth
USA

Die ersten Ideen für die Konstruktion eines elektronischen Fernsehübertragungssystems hatte der Amerikaner Philo T. Farnsworth. Der Sohn einer Mormonen-Familie wurde 1906 in einer Blockhütte in Indiana Springs, Utah geboren. Als er 12 Jahre alt war, zog seine Familie auf eine Ranch in Idaho. Dort hatten die Farnsworths zum ersten mal Elektrizität. Philo fand auf dem Dachboden einen Karton mit alten Wissenschafts- und Elektrotechnik Magazinen, welche er fasziniert studierte. Schnell eignete er sich alles Wissenswerte über Elektrotechnik an und begann erste Geräte auszutüfteln. Er baute z.b. einen Elektromotor, um eine mechanische Waschmaschine anzutreiben. Besonderes Interesse zeigte Philo immer für Funk- und Radioübertragungen. Er suchte nach einer Möglichkeit auf diesem Wege auch laufende Bilder zu übertragen. Dazu musste er Bilder in elektrische Impulse umwandeln, um diese dann später wieder zu einem Bild zusammenzusetzen. Im Alter von 14 Jahren hatte Philo eine Vision. Er pflügte gerade einen Kartoffelacker und machte sich wie immer Gedanken über die Übertragung von laufenden Bildern. Wie er so Bahn für Bahn das Feld mit seiner Scheibenegge abfährt, kommt ihm plötzlich eine Idee. Wenn man ein Bild in einzelne Punkte aufteilt, kann man für jeden Punkt festlegen, ob dieser hell oder dunkel ist. Man könnte diese Information in Signale umwandeln und diese dann später wieder in ein Bild. Mit einer

Elektronenkanone könnte man Punkt für Punkt zeilenweise auf eine Bildfläche schießen, genau wie sich Furche neben Furche zu einem gepflügten Feld zusammensetzte. Farnsworth arbeitete seine Idee aus und präsentierte sie seinem Lehrer Justin Tolman. Dieser sollte später noch eine wichtige Rolle in einem Patentstreit mit RCA, dem damals größten Elektronikkonzern spielen. Bei RCA arbeitete Vladimir Zworykin, ein promovierter Elektrotechniker, der ebenfalls an einem elektronischen Fernsehübertragungssystem arbeitete. Zworykin hatte bereits 1923 eine Patentschrift für sein Fernsehen eingereicht, obwohl er noch weit von einem funktionierenden System entfernt war.

Am 07. September 1927 übertrug Philo vor den Augen seiner Investoren sein erstes Fernsehbild. Zworykin hörte von den Erfolgen seines Konkurrenten und besuchte diesen in seinem Labor. Dort schaute er sich entscheidende Elemente von dessen System ab, um sie für sein eigenes zu verwenden. 1930 erhielt Farnsworth ein Patent für sein Fernsehen. Daraufhin wurde er von RCA verklagt. Diese behaupteten, schon vor ihm das letztendlich erfolgreiche System entwickelt zu haben.

Trotz seiner bescheidenen finanziellen Mittel konnte Farnsworth den Prozess gegen den Elektronikriesen gewinnen. Sein ehemaliger Lehrer Justin Tolman konnte bestätigen, dass Farnsworth dieses System bereits 1921 ausgearbeitet hatte. Von nun an musste RCA Lizenzgebühren an den eigentlichen Erfinder des Fernsehens zahlen.

Gummibärchen **1922**

Hans Riegel
Deutschland

Schon Kaiser Wilhelm II aß sie, Albert Einstein mochte sie ebenfalls und die meisten Kinder lieben sie, die Gummibärchen. Erfunden wurden sie von einem Mann namens Hans Riegel, der am 03. April 1893 in Friesdorf bei Bonn das Licht der Welt erblickte. Nachdem Riegel mit der Schule fertig war, absolvierte er eine Lehre als Bonbonkocher bei der Firma *Kleutgen & Meier*.

1920 machte er sich dann selbständig und lies seine Firma HARIBO ins Bonner Handelsregister eintragen. Der Firmenname HARIBO steht übrigens für *HA*ns *RI*egel aus *BO*nn. Riegel hatte nicht viel Startkapital und musste sich zunächst mit einem Sack Zucker, einem Kupferkessel, einer Marmorplatte und einer Walze zufrieden geben. Seine erste Produktionsstätte war sein Haus in der Bergstrasse in Kessenich, ausgestattet mit einem gemauerten Herd und einem kleinen Hocker.

1921 heiratete Riegel. Seine Frau Gertrud wird seine erste Mitarbeiterin. Im darauf folgenden Jahr suchte Hans Riegel nach einer neuartigen Form für seine Fruchtgummimasse. Die neue Form musste einfach herzustellen sein und sollte die Kinder ansprechen. Nach einigen Überlegungen entschied er sich für eine Bärenform. Zu dieser neuen Bonbonkreation inspirierten ihn sowohl die in den zwanziger Jahren noch auf Jahrmärkten anzutreffenden Tanzbären, als auch der 1902 von Richard Steiff erfundene Teddybär. Diese erste Generation von

Fruchtgummibären war noch etwas größer und schlanker als der heutige *Goldbär*. Die so genannten *Tanzbären* waren natürlich schnell beliebt, am Kiosk bekam man damals zwei zu einem Pfennig.

Ab 1925 nahm Riegl auch Lakritze in sein Programm auf. Natürlich bot sich auch hier die Bärenform an und so bekam der Tanzbär noch einen Freund aus Lakritze, den *Schwarzbären*. In den fünfziger Jahren brachte HARIBO dann seine *Teddybären* raus. Sie waren etwas kleiner und beleibter als die Tanzbären und glichen somit schon etwas mehr den heutigen Goldbären. Anfangs konnte man die Gummibären nur in Blechdosen oder als lose Ware kaufen, doch mit dem Wirtschaftswunder kam auch die Cellophantüte, in der man die Gummibären von nun an kaufen konnte. Als Riegel sah, wie erfolgreich seine Gummibärchen waren, ließ er sich seine Goldbären schützen. Seit 1967 sind diese als eingetragenes Warenzeichen anerkannt. Der heutige Standardgoldbär misst 2,2 cm Höhe und wird in folgendem Mischungsverhältnis hergestellt: 1/3 rote Goldbären und je 1/6 der übrigen Farben. Die roten Gummibärchen (seit 2007 gibt es zweierlei rote Bären) erhalten ihre Farbe von der Schwarzen Johannisbeere, die gelben von der Zitrone, die Orangen von der Orange und die Grünen von der Kiwi. Unsere Goldbärenfamilie Stand 2007:

Himbeere (dunkelrot), Apfel (grün), Zitrone (gelb), Orange (orange), Ananas (weiß) und Erdbeere (hellrot).

Nach einem blauen Goldbären suchen die Kinder übrigens vergebens, da die Firma HARIBO zumindest ihre Gummibärchen seit Ende der achtziger Jahre nur mit pflanzlichen Auszügen färbt. Ein Blauton lässt sich auf natürliche Weise jedoch noch nicht erzielen.

Eis am Stiel 1923

Harry B. Burt
USA

Im kleinen Städtchen Youngstown in Ohio, hatte Harry B. Burt senior einen Süßwarenladen. Dort konnte man vor allem Eis und Lutscher kaufen, weshalb das Geschäft bei den Kindern sehr beliebt war. Nachdem der alte Burt unzählige Lutscher und Eistüten verkauft hatte, kam dieser auf eine Idee. Die Kinder aßen gerne sein Milcheis und das Zuckerwerk vom Stängel war ebenfalls immer gefragt. Was wäre, wenn man beide Produkte miteinander verbinden würde? Was würden die Leute zu einem Eis an einem Stiel sagen? Harry B. Burt fertigte darauf hin eine zähe Eiscreme und wickelte diese um ein Holzstäbchen. Anschließend überzog er das Eis mit Schokolade, das ist nicht nur gut für den Geschmack, sondern es lässt das Eis auch nicht so schnell dahin fließen. Burt lies seine geniale Erfindung 1923 patentieren und verkaufte sie unter dem Namen *Rahmeislutscher*.

Das Eis am Stiel wurde schnell beliebt und fand reißenden Absatz, bei Groß und Klein. Schon ein Jahr später wurden auch die ersten Eis am Stiel in Deutschland verkauft. Noch heute ist Burts Kreation von Vanilleeis am Stiel mit Schokolade überzogen die beliebteste Stieleisvariante, sie wurde zum Klassiker. Und überhaupt, hat sich das Eis am Stiel trotz der großen Auswahl, die letzten Jahrzehnte nie grundlegend geändert. Vanilleeis und Schokolade sind fast bei allen Varianten Hauptbestandteile, wenn man vom Wassereis am Stiel einmal absieht.

Apropos Wassereis am Stiel: Zu dieser Erfindung kam es per Zufall bereits 1905 durch den damals elfjährige Frank Epperson aus San Fransisco. Er mischte sich damals etwas Fruchtsaft in sein Soda damit dies etwas Geschmack bekam. Zum Verrühren nahm er ein kleines Holzstäbchen, welches er im Glas stehen ließ. Glücklicherweise vergas der kleine Frank sein Getränk bei frostigen Temperaturen draußen auf dem Freisitz. Als er es am nächsten Tag wieder fand, war sein Getränk gefroren. Beim Versuch es wieder aufzutauen, löste sich das Eis zuerst vom Glas, so dass man es am darin eingefrorenen Holzstäbchen herausziehen konnte. Frank Epperson leckte an dem Eis welches er an dem Holz in der Hand hielt, das Eis am Stiel war erfunden. Leider war Epperson noch sehr jung und hatte noch nicht die Möglichkeit das große Geschäft mit seiner Idee zu machen. Es dauerte fast 18 Jahre bis Frank seine Erfindung zum Patent anmeldete. Unglücklicherweise kam ihm sein Landsmann Harry B. Burt zuvor, somit musste Epperson sich mit dem Patent für Wassereis am Stiel, zufrieden geben. Er nannte sein Eis zunächst "The Epsicle ice pop", später brachten ihn seine Kinder jedoch auf den Namen *Popsicle*. 1924 bekam Frank Epperson sein Patent, dieses verkaufte er jedoch bereits ein Jahr später.

Der Markenname *Popsicle* bleibt bis heute bestehen. Der Anteil an industriell gefertigtem Speiseeis in Deutschland beträgt über 80%. Der pro Kopf Verbrauch insgesamt liegt derweil bei rund 8 Liter pro Jahr. Man schätzt, dass hier pro Jahr ca. 1 Mrd. Eis am Stiel geschleckt werden.

Rasierapparat **1923**

Jacob Schick
USA

Jacob Schick wurde 1878 als Sohn bayrischer Einwanderer in Iowa geboren. Im Alter von 20 Jahren trat er in die US Army ein, wo er recht schnell eine steile Karriere durchlaufen sollte. Nachdem er als Leitender Offizier, Geheimoperationen im 1. Weltkrieg durchgeführt hatte und nun kaum noch Aufstiegschancen hatte, verließ er das Militär 1919. Von nun an wollte er sein Glück bei einer etwas ruhigeren Tätigkeit suchen und ging als Goldgräber nach Alaska.

Die Arbeit in Alaska war äußerst hart und das raue Klima machte den Goldgräbern sehr zu schaffen. Trotz der harschen Bedingungen in der Einöde von Alaska, achtete Schick stets auf seine Körperpflege. Mit militärischer Disziplin pflegte er sich jeden Morgen zu rasieren. Zumindest im Winter war dies nicht gerade einfach, da es bei bis zu 40°C unter Null nicht nur bitter kalt war, sondern auch erst einmal Eis und Schnee, auf dem Feuer geschmolzen werden musste. Mit diesem Wasser konnte sich Schick dann seinen Rasierschaum schlagen und sich waschen. Als Jacob Schick aufgrund einer Verletzung des Knöchels an sein Lager gefesselt blieb, war es ihm zu mühselig auf allen Vieren raus zu kriechen, um das Eis für Wasser zu holen. So blieb er liegen und machte sich Gedanken über sein Rasierproblem. Er beschloss einen Rasierer zu entwickeln, bei dem man weder Schaum noch Wasser benötigt. Sobald es ihm wieder möglich war, begann

Schick mit dem Bau des Prototypen eines Trockenrasierers. Dazu zerbrach er Rasierklingen und befestigte die Bruchstücke schön geordnet auf einer Metallschiene. Diese Metallschiene brachte er anschließend mit Hilfe eines Elektromotors zum Schwingen. Natürlich war dieser Prototyp bei weitem nicht ausgereift und Schick konstruierte noch einige Nachfolgemodelle, bis er einen brauchbaren Trockenrasierer hatte.

Diese ersten Modelle waren noch ziemlich groß und unhandlich und man musste sie mit beiden Händen festhalten. 1923 war Jacob Schick von seinen Apparat überzeugt und lies sich diesen patentieren.

Er brauchte nun keine Vorführung seines Rasierapparates mehr zu scheuen, weil er Angst haben musste, dass dieser ihn wegen einer Fehlfunktion lächerlich machen würde. Bald darauf gründet er die Firma Schick Inc.

Im März 1931 brachte die Schick Inc. den ersten Rasierapparat auf den Markt. Dieser war nun auch mit einer Hand zu bändigen und verkaufte sich nach kleinen Anlaufschwierigkeiten hervorragend. Recht bald kamen weitere Anbieter für Rasierapparate auf den Markt und obwohl diese versuchten, dem Erfinder den Rang streitig zu machen, blieb dieser in den 30er Jahre weitgehend Marktführer.

Jacob Schick hatte in Alaska nie wirklich viel Gold entdeckt, jedoch fand er trotzdem sein Glück dort. Wäre er nicht nach Alaska gegangen, wäre er vielleicht nie in die missliche Lage gekommen, die ihn auf die Idee mit dem Rasierapparat brachte.

Tiefkühlkost 1925

Clarence Birdseye
USA

Unter Tiefkühlkost versteht man industriell hergestellte Lebensmittel, die durch zu Hilfenahme der Tiefkühlung konserviert wurden. Das bekannteste Beispiel hierfür ist wohl die Tiefkühlpizza, doch auch tiefgekühltes Gemüse, Fleisch und andere Lebensmittel freuen sich großer Beliebtheit. Die Vielfalt an Tiefgefrorenem ist nahezu unerschöpflich, es gibt ständig neue Produkte, die das Angebot erweitern. Unabhängig von der Saison sind dank des Tiefkühlverfahrens heutzutage die meisten Gemüse- und viele Obstsorten das ganze Jahr über erhältlich. Doch einfrieren ist nicht gleich einfrieren. Zwar macht unsere heimische Gefriertruhe auch viele Lebensmittel länger haltbar, doch verlieren die meisten dadurch an Geschmack und Farbe. Dort friert alles sehr langsam, sodass sich ziemlich große Eiskristalle bilden, welche das Zellgewebe zerstören. Am deutlichsten sieht man dass, wenn man selbst eingefrorenes Obst, z.B. Erdbeeren, Himbeeren usw. wieder auftaut. Es ist matschig, zusammengefallen und hat die Farbe verloren. In der Industrie eingefrorenes Obst hingegen ist nach dem Auftauen viel knackiger und appetitlicher. Das Geheimnis der Industrie heißt: tiefgefrieren. Dabei werden die Waren bei extrem niedrigen Temperaturen sehr schnell durchgefroren. Bei dieser Methode bilden sich nur sehr kleine Eiskristalle, welche die einzelnen Zellwände der Speisen kaum beschädigen. So sind die Speisen auch nach dem Auftauen noch knackig und ansehnlich.

Die ersten tiefgekühlten Speisen wurden am 6. März 1930 in einem Supermarkt in Springfield, Massachusetts verkauft. An diesem Tage wurde ein vollkommen neuer Wirtschaftssektor geboren, der Markt für Tiefkühlkost. Zu verdanken haben wir dies dem Geschäftsmann und Erfinder sowohl der Tiefkühlkost als auch der für ihre Herstellung benötigten Technik, Clarence Birdseye. Nach seinem Studium arbeitete Birdseye für die US-Regierung, diese hatte ihm eine Anstellung als Biologe für Fischerei gegeben. Während seiner Forschertätigkeit in den Jahren 1912 bis 1915, machte Birdseye eine sehr interessante Entdeckung. Auf einer Polarexpedition in der Labradorsee fiel ihm auf, dass frisch gefangener Fisch, welcher aufgrund der Eiseskälte der arktischen Winde schnell gefror, konservierte. Selbst Fisch der wochenlang gefroren herumgelegen hatte, schmeckte nach dem Auftauen noch frisch. Diese Erkenntnis sollte sich der Naturforscher bald zunutze machen. Gleich nach dem er wieder zuhause war, tüftelte er an einer Möglichkeit, auch in milderen Breitengraden Fisch auf diese Weise haltbar zu machen. Bereits 1922 brachten seine Anstrengungen erste Ergebnisse hervor. Clarence Birdseye hatte den Band- und Plattenfroster entwickelt. Mit Hilfe dieser Maschinen war es möglich, größere Mengen Lebensmittel in extrem kurzer Zeit tiefzufrieren. Noch im selben Jahr gründete er die Firma Birdseye Seafoods Inc. und verkaufte gefrorenen Fisch. Bis heute ist die Marke *Birds Eye* ein Synonym für gefrorene Lebensmittel aller Art.

Regenschirm
(Taschenschirm)

1928

Hans Haupt
Deutschland

Historische Kunstwerke und Artefakte belegen, dass die Menschen schon vor über 1000 Jahren Schirme benutzten. Man geht heute davon aus, dass der Schirm im frühen Assyrien als Sonnenschutz erfunden wurde. Aber auch die Mächtigen aus dem alten Ägypten, Griechenland und China verwendeten ihn, um sich vor der Sonne zu schützen. Später kamen die Chinesen auf die Idee, ihre aus Papier gefertigten Sonnenschirme, einzuwachsen um sie dadurch regenfest zu machen. Somit waren die Chinesen wohl die ersten die Regenschirme bauten.

In Europa wurde der Regenschirm schließlich durch den Engländer Jonas Hanway bekannt.

Er machte den Regenschirm hier gesellschaftsfähig, indem er ihn 30 Jahre lang bei jedem Wetter bei sich trug. Bisher wurde der Regenschirm hier als zu weibisch angesehen, doch dann entdeckten auch die europäischen Herrn dank Jonas Hanway die Vorzüge des Schirms.

Um 1800 wurden in Europa die ersten Regenschirme hergestellt, diese waren bereits mit wasserabweisenden Stoffen anstelle von Papier bespannt. Ihr Gestell war aus Holz und Fischbein gefertigt, was dazu führte, dass ein einziger Regenschirm über 4 kg wog. 1852 entwickelte der Engländer Samuel Fox den ersten Regenschirm mit Metallgestell. Dadurch wurde der Schirm um einiges leichter und somit viel bequemer zu tragen. Ende des 19. Jahrhunderts versuchten verschiedene Tüftler den

Regenschirm weiter zu verbessern. Sie machten ihn transportabler, selbstaufspannend und vor allem dekorativer. Der nächste Schritt in der Evolution des Regenschirms bestand darin, ihn etwas handlicher für die Zeit zu machen, in der man ihn nicht braucht.

Dies gelang dem Berliner Hans Haupt. Wie so oft machte Not wieder mal erfinderisch. Hans Haupt musste aufgrund einer Kriegsverletzung immer am Stock gehen. Da er bei seinen Spaziergängen stets einen Regenschirm mitführte, hatte er nie eine Hand frei um sich zum Beispiel mal die Nase zu putzen.

Im Jahre 1926 hatte Hans Haupt die Idee von einem teleskopartigen, zusammenschiebbaren Schirm, der klein genug war, dass man ihn sich in die Manteltasche stecken konnte. Einen solchen entwickelte er 1928 zusammen mit dem Schirmgestellhersteller Dietrich Bremshey, welcher gleich von dieser Idee begeistert war.

1934 ließ sich Hans Haupt den *Knirps*, wie er seinen Taschenschirm nannte, patentieren. Auch wenn die Schirmindustrie den *Knirps* zunächst als Spielerei belächelte, wurde dieser schnell zum Verkaufsschlager. In den 50er Jahren avancierte der Taschenschirm zu einem modischen Accessoire, es galt als schick einen schönen Regenschirm mit sich zu führen.

Mit der Einführung neuer Kunstfasern in den 60er Jahren, konnte der Regenschirm nochmals stark verbessert werden. Wahrscheinlich wird die Entwicklung des Regenschirms nie wirklich beendet sein.

Klebeband 1930

Richard G. Drew
USA

Begonnen hat die Entwicklung des Klebebandes bereits im Jahr 1925. Die Firma 3M aus St. Paul in Minnesota, einer der führenden Hersteller für Schleifpapiere, sandte einen ihrer Mitarbeiter zu einer Autolackiererei. Sie hatten den jungen Ingenieur Richard Drew damit beauftragt, ihr neuartiges, wasserfestes Schleifpapier dort dem Alltagstest unterziehen zu lassen. Bei diesem Besuch plauderte Drew ein wenig mit den dortigen Lackierern und erfuhr so nebenbei über deren neuestes Problem. Sie berichteten, dass es immer mehr in Mode kommt, Autos zweifarbig zu lackieren. Bei diesen Teillackierungen war es äußerst schwierig die bereits fertig lackierten Stellen ordentlich abzudecken und einen sauberen Übergang zur anderen Farbe zu schaffen. Das Ergebnis war oft mangelhaft und der Wagen musste erneut lackiert werden.

Richard Drew sah es sogleich als seine Aufgabe sich mit dieser Problematik zu beschäftigen. Zwei Jahre lang experimentierte er mit den unterschiedlichsten Materialen und Klebstoffen, bis er schließlich eine Lösung gefunden hatte. Er entschied sich für ein Band aus Krepppapier, welches er an den Rändern mit Klebstoff beschichtete. Den ersten Test bei den Autolackierern sollte es jedoch noch nicht bestehen. Das Kreppband fand nicht genug Halt an der glatten Oberfläche der Karosserien und fiel einfach ab. Einer der Tester war dermaßen enttäuscht von dem Produkt, dass er Drew folgenden Satz an den Kopf warf.

144

"Take this tape back to those Scotch bosses of yours and tell them to put more adhesive on it!"[1]
Diese Anspielung gab dem neuen Produkt bald seinen Markennamen *Scotch Tape.* Selbstverständlich waren Drews Chefs weder Schotten, noch wollte irgendjemand sonst mit Klebstoff geizen. Richard Drew beschichtete das Kreppband daraufhin ganzflächig mit Klebstoff. Weitere Tests überzeugten die Lackierer schnell und sie bestellten gleich größere Mengen.
Noch 1925 kam das Kreppband, (auch Abdeckklebeband genannt) auf den Markt.
Nachdem Richard Drew das Problem der Autolackierer gelöst hatte, machte er sich auf die Suche nach weiteren Anwendungsmöglichkeiten. Er fand heraus, dass verschiedene Lebensmittelhändler und Fleischverarbeiter, nach einem geeigneten Verschluss für ihre Cellophan-Verpackungen suchten. Daraufhin entwickelte er 1930 das erste transparente Klebeband. Es handelte sich um ein Cellophanband, das mit einem nahezu durchsichtigen Klebstoff beschichtet war. Während der wirtschaftlichen Depression der 30er Jahre wurde das Klebeband dann als Reparaturhilfe entdeckt. Den passenden Abroller für das Klebeband entwickelte übrigens ein Verkaufsmanager namens John A. Borden im Jahr 1932.
Heutzutage ist das Klebeband nicht mehr aus dem Alltag wegzudenken.

---

[1] Sinngemäß: „Bringen sie dieses Band ihren schottischen Chefs und sagen Sie denen, die sollen mehr Kleber dran machen!“

Motorsäge 1930

Andreas Stihl
Deutschland

Den ersten dokumentierten Schritt zur Motorsäge machte der deutsche Mediziner Bernhard Heine um das Jahr 1830. Er entwickelte das *Osteotom*, ein chirurgisches Instrument zur Durchtrennung von Knochen. Es war eine Knochensäge, bei der kleine Metallschneidezähne an einer Kette angebracht waren. Diese wurde dann mit einer Handkurbel über eine Führungsschiene bewegt.

1896 erblickte Andreas Stihl in Zürich das Licht der Welt. Er gründete 1926 die A. Stihl Maschinenfabrik in Stuttgart. Zu Beginn produzierte die Firma noch Vorfeuerungsanlagen und Waschmaschinen, doch noch im gleichen Jahr ließ sich Stihl seine erste Kettensäge patentieren. Es handelte sich dabei um die *STIHL-ELEKTRO*, eine kleine elektrische Ein-Mann-Säge, die zum Ablängen von Baumstämmen bis zu 50 cm Durchmesser geeignet war.

1929 folgte eine Zwei-Mann-Säge mit Benzinmotor, die zum Fällen benutzt wurde. Es war die *Baumfällmaschine Typ A*, mit 6 PS und einem Gewicht von 46 kg.

Im darauf folgenden Jahr stellte Stihl auf einer Leipziger Messe die erste tragbare Motorkettensäge vor. Dies war das erste Patent für eine tragbare, mit Benzin betriebene Motorkettensäge zum Holz Fällen. Ab 1934 gab es Kettensägen mit einer automatischen Schmierung für Kette und Führungsschiene. Diese ersten Kettensägen unterschieden sich jedoch in einem Punkt ganz gewaltig von den heute gebräuchlichen Modellen. Aus technischen Gründen war es nicht möglich, mit einer Benzinmotorsäge einen Baum zu fällen und danach zu zerteilen. Man benötigte zur damaligen Zeit je ein spezielles Kettensägenmodell zum Baumfällen und ein anderes, um den gefallenen Baum dann abzulängen.

Im Jahre 1950 brachte die Firma Stihl die erste Ein-Mann-Benzinmotorsäge der Welt heraus. Sie war mit einem von Hand verstellbaren Schwenkvergaser ausgestattet. Dies ermöglichte den Einsatz der Säge sowohl beim Fällen als auch beim Ablängen eines Baumes. Hierzu musste man nur den Vergaser in die aufrechte Position bringen, wenn man die Säge in einem anderen Winkel betreiben wollte.

Erst der 1958 im Flugzeugbau entwickelte Membranvergaser, brachte die wirkliche Innovation. Ende der Fünfziger wurde es durch ihn möglich, die Motorsäge während des Betriebes frei zu bewegen. Dies ermöglichte ein viel angenehmeres Arbeiten, da es von nun an egal war, in welchem Winkel man die Säge ansetzte.

Eine der ersten Motorsägen, die nach dem heutigen Prinzip arbeitete, war die *Stihl Contra* aus dem Jahr 1959. Von damals bis heute hat sich die Motorsäge nicht mehr grundlegend verändert. Technische Neuerungen verbessern jedoch alle paar Jahre den Arbeitskomfort, die Zuverlässigkeit und die Sicherheit.

1968 kamen die ersten elektrischen Zündanlagen, 1970 der Gassperrhebel und 1972 die Kettenbremse, die beim Hochschlagen der Säge, über den Handschutz ausgelöst wird.

Tampon   **1931**

Earle Cleveland Haas
USA

In den 40er Jahren war er noch verpönt, heute finden wir ihn in fast jedem Badezimmerschrank, den Tampon. Frauen in aller Welt möchten den hygienischen Komfort dieses Wattestöpsels nicht mehr missen. Lange genug mussten sich die Frauen während ihrer Regelblutung mit weniger hygienischen Hilfsmitteln herumschlagen. Im Mittelalter trug die Mehrheit der Frauen überhaupt keine Unterwäsche und das Regelblut floss einfach unterm Rock ab. Diejenigen, die es sich leisten konnten, Unterwäsche zu tragen, schützten diese während der Tage, indem sie Lumpen hineinlegten.

Um die Jahrhundertwende begann man allmählich, sich etwas mehr um die Körperhygiene zu kümmern. So genannte Monatshöschen fanden zunehmend Verwendung. Hierbei handelte es sich um eine Art Unterhose, die im Schrittbereich Bündchen eingenäht hatte, dort platzierte man Watte oder ähnlich saugfähiges Material, welches das Monatsblut aufnahm. Andere Frauen benutzten selbst genähte Stoffbinden, die nach Gebrauch gewaschen wurden.

In den zwanziger Jahren des 20. Jahrhunderts kamen die ersten modernen Einwegbinden auf den Markt. Sie hatten bereits einen Klebestreifen auf der Rückseite und ließen sich somit relativ rutschsicher in der Unterhose platzieren. Von Bequemlichkeit und Tragekomfort war damals jedoch noch keine Rede, schließlich waren die Binden 2-3 cm dick.

Doch ein Fortschritt waren sie allemal, denn sie waren bequemer als Monatshöschen und hygienischer als Stoffbinden. Heutzutage sind die Binden nur noch wenige Millimeter dick und bieten großen Schutz, doch trotz alldem Komfort und der Hygiene benutzen junge Frauen heute meistens Tampons.

Der Tampon hat den Vorteil, dass er das Menstruationsblut bereits im Inneren des Körpers aufnimmt und die Frau somit weniger in ihrem Alltag eingeschränkt. Sie kann anziehen und machen was sie will, ohne auf ihre Regel Rücksicht nehmen zu müssen.

Erfunden wurde der Tampon von Dr. Earle Cleveland Haas aus Denver, Colorado. Haas entwickelte ihn aufgrund des Nörgelns seiner Frau. Diese klagte stets darüber, dass sie sich während ihrer Tage immer Lumpen in die Unterhose legen musste. Daraufhin suchte er nach einer besseren Methode, das Regelblut aufzufangen. Eines Tages kam ihm der Gedanke, dass man in der Medizin bereits Wattetampons verwendete, um Blut aufzusaugen. Beispielsweise steckte man diese in Schussverletzungen, um die Blutung zu stillen. Das Gleiche wollte er auch bei der Regelblutung versuchen und entwickelte daraufhin einen Tampon, den man in die Scheide einführen konnte.

1931 ließ er sich diese Erfindung unter dem Namen *Tampax* patentieren. Ein Jahr später verkaufte er sein Patent für 32.000 Dollar. Der Markenname *o.b.* ist übrigens ein Akronym für „ohne Binde", dieses wurde von seinem Entwickler, dem deutschen Ingenieur Dr. Carl Hahn, für die Markteinführung im Jahr 1950 geprägt.

Parkuhr   **1935**

Carl C. Magee
USA

Auch wenn Sie die Parkuhr zu jenen Instrumenten zählen,
die nur dazu dienen, uns das Geld aus der Tasche zu
ziehen, so war dieser Aspekt nicht im Sinne ihres Erfinders.
Vielmehr sollte sie zu unserem Nutzen sein und uns das
weite Schleppen unserer Einkäufe durch die Innenstädte
ersparen. Zugegebener Maßen hat es heute tatsächlich
häufig den Anschein, als wollten uns die Städte mit ihren
Parkuhren lediglich schröpfen. Doch ursprünglich wurden
diese erdacht, um uns das Kurzzeitparken in den
Geschäftsstraßen zu ermöglichen. Entstanden ist die Idee
Anfang der 30er Jahre wie so oft aus einer Not heraus.
Schon damals gab es in den Zentren der Großstädte,
erhebliche Parkplatzprobleme. Zwar gab es bereits ein
Zeitlimit für das Parken in Geschäftsstraßen, doch kaum
jemand hielt sich daran. Die Polizei versuchte die
Dauerparker mit allen möglichen Tricks zu überführen,
doch leider vergebens. Sie markierten sogar die Position der
Autoreifen und kontrollierten nach Ablauf der zulässigen
Parkdauer, ob die Fahrzeuge bewegt wurden. Doch leider
brachte auch diese Methode wenig Erfolg, da die Autofahrer
ihre Reifen einfach mit weiteren Kreidestrichen bemalten,
oder die Markierungen der Polizei abwuschen. Lange Zeit
blieben die Gesetzeshüter machtlos und die Dauerparker
kamen ungeschoren davon.
In Oklahoma City ärgerten sich die Ladenbesitzer so sehr
darüber, dass die Parkplätze vor ihren Geschäften immerzu

von Nicht-Kunden zugeparkt wurden, dass sie sich protestierend beim städtischen Verkehrsausschuss beschwerten. Sie forderten von dem damaligen Vorsitzenden, Carl Magee eine Lösung für das Parkplatzproblem. Dieser nahm sich der Sache an und feilte an einem Plan. Er wusste, dass die Leute am ehesten zur Vernunft kommen würden, wenn es an ihren Geldbeutel ging. Also wollte er sie für das Parken bezahlen lassen.

Magee beschloss einen Automaten zu bauen, der in der Lage war, das Parken zu überwachen. Da sein Prototyp nicht sehr zufriedenstellend war, beschloss er einen Wettbewerb für Studenten auszuschreiben. Er setzte je ein Preisgeld für die schönste und für die technisch ausgereifteste Parkuhr aus. Leider konnte keines der eingereichten Modelle den Ansprüchen von Magee genüge tun. Er machte sich selber wieder ans Tüfteln und stellte 1935 schließlich die erste alltagstaugliche Parkuhr fertig. Noch im selben Jahr wurde das System getestet, und die ersten 175 Exemplare der "Schwarzen Maria"[1], wurden auf einer Seite der Hauptgeschäftsstraße von Oklahoma City aufgestellt.

Eine Stunde Parken kostete 5 Cent, wer nicht bezahlte oder das Zeitlimit überschritt, musste mit einer Geldstrafe von 25 Dollar rechnen. Schnell zeigte sich, dass Magees Plan aufging. Bald wurden die Stellplätze mit den Parkuhren fast nur noch von Kurzzeitparkern genutzt.

---

[1] umgangssprachlicher Name für die ersten Parkuhren

Nylon
(Kunstseide)

1935

Wallace Hume Carothers
USA

In den 30er Jahren des 20. Jahrhunderts arbeitete Wallace Carothers als Laborchef beim Chemieriesen duPont in Delaware. Zur damaligen Zeit stand der Industrie nur natürliche Seide aus den Kokons der Seidenspinnerraupe zur Verfügung. Da diese jedoch sehr rar und deswegen ziemlich teuer war, versuchte man ein ähnliches Produkt auf künstlicher Basis zu entwickeln. So auch das Bestreben des Chemikerteams unter der Leitung von Wallace Carothers. Man experimentierte mit diversen Kunststoffen und versuchte, diesen die Eigenschaften von Seide zu geben. Bisher jedoch hatte man damit nur wenig Erfolg gehabt. Der erste Schritt auf dem Weg zur Kunstseide, gelang im April 1930.

Der Chemiker Julian Hill hatte Polyester erhitzt und dabei eine revolutionäre Entdeckung gemacht. Als er seinen Rührstab aus dem Probenglas nahm, stellte er fest, dass die zähflüssige Polyestermasse extrem lange Fäden zog. Natürlich wollte er wissen, wie lang man diese Fäden ziehen konnte und er zog sie quer durch das Laboratorium. Dabei kühlte das Polyester ab und er erhielt einen sehr dünnen, glänzenden Faden, ähnlich der Seide. Julian Hill hatte per Zufall die Kaltziehtechnik entwickelt. Bei dieser Prozedur bilden die zuvor wahllos in der Substanz verteilten Molekühle eine Kette und die Substanz gewinnt an Reißfestigkeit.

Der Vorläufer der Kunstseide war entwickelt. Carothers und sein Team waren von der Entdeckung ihres Kollegen sehr begeistert. Sie wussten, dass sie dem Ziel nun ein gutes Stück näher gerückt waren und konzentrierten sich von nun an voll und ganz auf das kaltgezogene Polyester. Wallace Carothers analysierte nochmals sehr genau die Zusammensetzung der natürlichen Seide und versuchte Polyester an deren Eigenschaften anzupassen. Es galt die Schmelztemperatur des Kunststoffes hoch zu setzen und diesen beständiger zu machen. Nach Jahren harter Arbeit und nächtelangem Forschen war es dann endlich geschafft. Carothers hatte die erste vollständig künstliche Faser entwickelt. Bereits wenige Monate später brachte duPont das neue Produkt auf den Markt. Strümpfe aus diesem Material wurden zu einem günstigen Konkurrenzprodukt zu den teuren Seidenstrümpfen.

Da diese Strümpfe weniger schnell Laufmaschen bekommen sollten als ihr seidenes Pendant, wollte man dem Material zunächst den Namen *No-Run* "keine Laufmasche" geben. Doch dieser Name sagte der Werbeabteilung nicht zu. Schließlich veränderte man den Namen so lange bis man sich auf Nylon geeinigt hatte.

Im Mai 1940 kamen offiziell die ersten Nylonstrümpfe auf den Markt. Bereits in der ersten Woche wurden etwa 4 Millionen Paar davon verkauft. Anstatt sich darüber zu erfreuen, ergab sich Carothers immer mehr dem Suff und verfiel in starke Depressionen. Er erzählte von diversen Chemikern, die sich das Leben mit einem speziellen Gift nahmen, kurze Zeit später starb er ebenfalls daran.

Hubschrauber 1936

Henrich Focke
Deutschland

Viele Ingenieure und Flugpioniere wirkten an der
Entwicklung des Hubschraubers mit. Schon um 1500 sann
das Universalgenie Leonardo da Vinci über eine
hubschrauberähnliche Flugmaschine nach. Seine Skizzen
zeigen einen Apparat, der sich mittels einer spiralförmigen
Schraube in die Luft erheben sollte. Zwar wäre dieses mit
Muskelkraft betriebene Fluggerät nie geflogen, doch wurde
hier bereits die Idee für den Bau eines Hubschraubers
geboren.
Der erste Senkrechtstarter, der sich tatsächlich für wenige
Minuten in die Lüfte erhob, war der Oehmichen No. 2.
Entwickelt wurde dieses skurril aussehende Fluggerät 1922
von dem französischen Ingenieur Étienne Oehmichen. Es
handelte sich dabei um einen so genannten Quadrocopter.
Ein motorgetriebenes Fluggerät, das von vier elastischen
Rotoren zum Schweben gebracht wurde. Im
Schwebezustand sorgten Propeller für die Stabilisierung
und den Vortrieb. Der Oehmichen No. 2 absolvierte etwa
1000 Flüge von bis zu 14 Minuten Dauer. 10 Jahre später
stellten die Franzosen Louis Bréguet und René Dorand
ihren Gyroplane-Laboratoire fertig. Er gilt als der erste,
über längere Zeit stabil fliegende, steuerbare
Experimentalhubschrauber. Der erste wirklich erfolgreiche
Hubschrauber, wurde von dem deutschen Ingenieur
Henrich Focke konstruiert.

Focke hatte Maschinenbau studiert und 1923 zusammen mit Georg Wulf die Bremer Flugzeugbau[1] gegründet. Focke entwickelte an die 30 Flugzeugmodelle, bis er 1933 auf staatlichen Druck hin aus der Leitung seiner eigenen Firma ausscheiden musste. Lediglich die Entwicklung von Drehflüglern durfte er weiterverfolgen. Von da an beschäftigte er sich intensiv mit der Weiterentwicklung des Hubschraubers. Drei Jahre später ist sein *FW 61* fertig gestellt, dessen Zuverlässigkeit und gute Flugeigenschaften, ihm den Ruf, der erste wirklich brauchbare Hubschrauber der Welt zu sein, einbrachten. Bereits im folgenden Jahr hatte der *FW 61* alle Hubschrauber-Weltrekorde eingeheimst. Während frühere Experimentalhubschrauber bis vor wenigen Jahren noch die Rekordmarke von 10 Minuten Flugzeit zu knacken versuchten, blieb der *FW 61* über 80 Minuten in der Luft. Er legte dabei eine Strecke von über 80 km zurück und erreichte eine Höhe von mehr als 2400 m.

Trotz der revolutionären Arbeit von Henrich Focke ließ der nächste Schritt in der Evolution des Hubschraubers nicht lange auf sich warten.

Schon 1940 setzte der aus der Ukraine stammende Luftfahrtpionier Igor Iwanowitsch Sikorski ganz neue Maßstäbe. Sein VS-300 besaß nur noch einen Hauptrotor, dessen Drehmoment von einem kleinen Heckrotor ausgeglichen wurde. Dieses Prinzip schaffte schnell den Durchbruch und ist noch bis heute gebräuchlich.

---

[1] Später in Focke-Wulf Flugzeugbau umbenannt

Computer   **1938**

Konrad Zuse
Deutschland

Der PC wie wir ihn heute kennen, hat einen langen
Entstehungsweg hinter sich. Viele Menschen waren an
seiner Entwicklung beteiligt. Angefangen hat diese
Evolution mit dem deutschen Ingenieur Konrad Zuse, der
ab 1936 die erste freiprogrammierbare Rechenmaschine
entwickelte. 1938 war seine vollmechanische
Rechenmaschine mit dem Namen Z1 fertig gestellt.
Der Z1 wurde mit Lochstreifen programmiert, beherrschte
alle vier Grundrechenarten und arbeitete bereits mit dem
Binärsystem. 1939 stellte Zuse eine Weiterentwicklung mit
dem Namen Z2 fertig, die bereits elektrische Komponenten
aufwies. Mit dem Z3 stellte er 1941 seinen ersten
Rechenautomaten vor, eine elektrische Nachbildung des Z1.
Die erste elektrische Rechenmaschine der Welt
entwickelten Professor John Atanasoff und Clifford Berry
an der Iowa State University. Ein Muster des ABC
(Atanasoff Berry Computer) wurde bereits 1939 fertig
gestellt, voll funktionsfähig inklusive seines Kartenlese-
und Kartenschreibgerätes war er jedoch erst 1942. Noch im
gleichen Jahr begann Dr. John Mauchly eine noch
schnellere, auf den ABC basierende Rechenmaschine zu
entwerfen. 1946 wurde der vom Amerikanischen
Forschungslabor für Balistik in Auftrag gegebene ENIAC
fertig gestellt. John Mauchly und John Presper Eckert
revolutionierten den Bau von elektronischen
Rechenmaschinen, indem sie Röhren anstelle der bisher

verwendeten Schalter und Relais verwendeten. Dies führte dazu dass, der ENIAC (*Electrical Numerical Integrator and Calculator*) viel schneller arbeitete als alle vorherigen Rechenmaschinen. Der ENIAC bestand aus 17.468 Elektronenröhren, 70.000 Widerständen und 10.000 Kondensatoren. Er hatte eine Grundfläche von 140 m² und wog etwa 30 t. Die Ära der Großrechner war eingeleitet. Nach der Fertigstellung des ENIAC gründeten Mauchly und Eckert ihre eigene Firma. 1950 entwickelten sie den UNIVAC (Universal Automatic Computer), dies war der erste kommerzielle Computer auf dem amerikanischen Markt und der erste für geschäftliche Anwendungen.

1959 bekamen Robert Noyce und die Fairchild Semiconductor Corporation ein Patent auf eine integrierte Schaltung. 1961 vertrieben sie die ersten Chips.

Die erste Computermaus, bestehend aus einem Holzklotz mit zwei Metallrädchen, wurde 1964 von Douglas Engelbart entwickelt. Ende 1971 stellte die Firma Intel den ersten Mikroprozessor vor. Dieser wurde von den Intel-Ingenieuren Federico Faggin, Ted Hoff und Stan Mazor erfunden.

1976 entwarf ein IBM Mitarbeiter eine 5 ¼" Diskette und das passende Laufwerk. Im Jahr 1981 war es dann so weit, IBM brachte den ersten PC auf den Markt. Der IBM PC hatte einen Intel 8088 Prozessor, 16 Kilobytes Speicher und einer 160 k Floppy-Disk.

Der Preis für den ersten PC betrug damals 1.565,- Dollar, was heute ca. 4.000,- Dollar entsprechen würde.

Antihaftbeschichtung 1938

(PTFE)

Roy Plunkett
USA

Aus unserem Alltag ist Polytetrafluorethylen (PTFE), alias Teflon[1] nicht mehr wegzudenken. Wir finden es an allen möglichen Oberflächen, an denen nichts anhaften soll. Um Eines gleich vorwegzunehmen, PTFE ist entgegen der häufigen Behauptung kein Produkt, das wir der Raumfahrt zu verdanken haben. Es findet zwar häufig Verwendung in der Raumfahrt, ist aber bereits Jahre vorher entstanden.
Im zweiten Jahrzehnt des 20. Jahrhunderts, wurden die ersten Kühlschränke an Privathaushalte verkauft. Diese frühen Kältemaschinen wurden mit Kühlmitteln ausgestattet, die nicht ungefährlich waren. Daraufhin entwickelte die Chemiefirma DuPont zusammen mit General Motors ein unbedenklicheres Kühlmittel namens Freon[2]. Da General Motors jedoch darauf bestand, dass ihr gemeinsames Produkt nicht an Dritte weiterverkauft werden durfte, war DuPont gezwungen ein neues Kühlmittel zu entwickeln. Glücklicherweise vertrauten sie dieses Projekt umgehend einem ihrer jüngsten und unerfahrendsten Chemiker an. Der 27-jährige Roy Plunkett war neu in der Firma und dies war das erste Forschungsprojekt, mit dem man ihn betraute. Plunkett stellte zunächst einen größeren Vorrat an Tetrafluorethylen (TFE) her. Da er der Meinung war, dass sich die Substanz

---

[1] Teflon®, [2] Freon® sind beides Handelsname der Firma DuPont

im gasförmigen Zustand zu schnell verflüchtigt, verteilte er das Gas auf mehrere Stahlflaschen und lagerte es bei –80°C um es zu verflüssigen. Als Plunkett am Morgen des 06. April 1938 eine dieser Flaschen zu Versuchszwecken entnahm, machte er eine merkwürdige Entdeckung. Das TFE hatte sich weder verflüssigt, noch entströmte es in Gasform, als der Chemiker das Ventil öffnete. Neugierig öffnete er die Flasche komplett, um herauszufinden was geschehen war. Zum Vorschein kam eine pulverige, krümelige, weiße Substanz. Umgehend untersuchte er den unbekannten Stoff. Es stellte sich heraus, dass diese Substanz mit nichts reagierte, selbst aggressive Säuren können ihr nichts anhaben. Ohne sich über die Bedeutung dieser Entdeckung im Klaren zu sein, stellte er die wertlos scheinende Substanz ins Archiv.

Erst Jahre später fand das sogenannte Teflon seine erste Anwendung, von da an sollte es sich doch noch als äußerst nützlich erweisen. Die antihaftbeschichtete Pfanne haben wir dem französische Ingenieur Marc Grégoire zu verdanken. Da er wusste wie sehr sich seine Frau beim Spülen der Pfannen abmühte, begann er mit Teflon zu experimentieren. Er hatte zuvor bereits die Vorzüge von Teflon kennengelernt, als er seine Angelschnur damit beschichtete. Er entwickelte 1954 ein Verfahren, um Aluminium mit Telfon zu beschichten. Das war etwas komplizierter als es klingt, denn wenn nichts an Teflon haftet, warum haftet es dann an der Pfanne? Das Geheimnis war eine speziell aufgeraute Oberfläche, die es dem Material ermöglichte anzuhaften.

Kugelschreiber 1938

László József Bíró
Ungarn

Mitte der 30er Jahre arbeitete Lászlo Bíró als Journalist in Budapest. Wie jeder Journalist hatte auch er viel zu notieren und war somit auf ein einwandfrei funktionierendes Schreibgerät angewiesen. Leider musste er sich jedoch viel zu oft über kratzende und klecksende Füller aufregen. Erschwerend kam noch hinzu, dass man kaum da man ein paar Worte geschrieben hatte, die Feder erneut ins Tintenfass eintauchen musste. Außerdem bestand immer die Gefahr, dass man den bereits geschriebenen Text wieder verwischte. Das alles war für einen Vielschreiber wie Bíró sehr nervig. Er träumte von einem Stift der nicht kratzte und dessen Tinte weder kleckste noch verwischte. Bíró hatte bereits die schneller trocknende Druckerschwärze anstelle der Tinte getestet, doch unglücklicherweise war diese zu dickflüssig und konnte nicht aus einem Füller fließen.
Sämtliche Versuche, die Druckerschwärze zu verdünnen, damit man sie in einem Füller verwenden konnte, schlugen fehl da diese durch die Veränderung zwar prima floss, aber auch gleichzeitig ihre positive Eigenschaft, schnell zu trocknen einbüßte. Eines Tages ging Bíró im Park spazieren und sah ein paar Kinder mit ihren Murmeln spielen. Ihm fiel auf, dass die Murmeln, die durch eine Pfütze gerollt waren, etwas Wasser mit sich nahmen und eine feuchte Spur hinterließen. Er war begeistert von dieser Tatsache und beschloss dieses Phänomen auch mit der

dickflüssigen Druckerschwärze zu testen. Sollte es ihm gelingen mittels einer Kugel auch diese zu verteilen, so wären viele seiner Probleme gelöst. Bíró entwarf einen Stift, der mit einem nachfüllbaren Tank ausgestattet war. An dessen unterem Ende saß eine Kugel, die beim Schreiben über das Papier rollen und dabei, genau wie die Murmeln der Kinder, eine Spur hinterlassen sollte. Zwar klingt diese Idee so brillant wie einfach, doch war sie schwer umzusetzen. Es dauerte Jahre bis der so genannte Kugelschreiber seinen Zweck den Vorstellungen seines Erfinders entsprechend erfüllte. Während des 2. Weltkrieges flüchtete Bíró nach Argentinien, wo er seine Erfindung weiter verfeinerte. Er überarbeitete die "Tinte" und verwendete deutlich kleinere Kugeln, um ein feineres Schriftbild zu erhalten.

1944 kam der Kugelschreiber in Argentinien auf den Markt und fand gleich reißenden Absatz. Wenig später nutzte man den neuartigen Stift bereits rund um die Welt.

Lediglich Astronauten mussten zunächst darauf verzichten, da der Kugelschreiber im Weltraum nicht funktionierte. Aufgrund der stark verminderten Schwerkraft, fließt die Tinte dort nicht nach unten, sondern sammelt sich in der Mitte der Miene. Da die NASA ihren Astronauten trotzdem Kugelschreiber mit ins All geben wollte, ließ sie den *Space Pen* entwickeln. Dieser presst die Tinte mittels Druckluft gegen die Schreibkugel. Seine Entwicklung dauerte Jahre und verschlang über 1 Million Dollar. Die russischen Kosmonaten lösten das Problem, indem sie einfach Bleistifte verwendeten.

Einkaufswagen 1938

Sylvan Nathan Goldman
USA

Er ist in fast allen Supermärkten zu finden und seine Dienste werden gerne in Anspruch genommen. Doch auch, wenn der Einkaufswagen längst zu einer Selbstverständlichkeit geworden ist, so ist sich wohl kaum einer der Genialität dieses Alltagsgenstandes richtig bewusst. Erdacht wurde der Einkaufswagen von Sylvan Goldman, einem Geschäftsmann aus Oklahoma City. Dem Supermarktbesitzer war aufgefallen, dass seine Kunden stets ihren Einkauf abbrachen, wenn ihr Einkaufskorb zu voll wurde. Aus dieser Entdeckung schloss er, dass, wenn die Leute größere Einkaufskörbe hätten, sie auch mehr kaufen würden. Da diese jedoch viel zu schwer zu tragen wären, dachte sich der findige Geschäftsmann etwas aus. Er ließ ein rollbares Gestell bauen, in das man 2 Einkaufskörbe einhängen und diese somit bequem vor sich her schieben konnte. So hatten die Kunden nicht nur beide Hände frei, sondern sie kauften auch merklich mehr, weil ihnen die Körbe während ihrem Einkauf nicht zu schwer wurden. Zunächst jedoch wusste kaum einer etwas mit dieser Neuheit anzufangen, erst als Goldman Modells engagierte, um den Gebrauch seiner Einkaufswagen zu demonstrieren, fand dieser Anklang bei den Kunden. Kaum hatten diese den nützlichen Helfer akzeptiert, schon fand man ihn in immer mehr Selbstbedienungsläden im ganzen Land. Beinahe genau so schnell wie sich der Einkaufswagen verbreitete, fand er auch die ersten

162

Modifikationen. 1946 erfand Orla E. Watson einen Einkaufswagen, den man Platz sparend ineinander schieben konnte. Dem folgten immer weitere nützliche Änderungen, wie zum Beispiel eine extra Ablage für Kisten, ein Kindersitz und ein Haken, an den man seine Tasche hängen konnte. Man wollte dem Kunden seinen Einkauf möglichst unbeschwerlich gestalten und sorgte dafür, dass dieser immer eine Hand für weitere Produkte frei hatte. Auch wenn das noch heute gebräuchliche Grundmodell mit dem fest installierten Metallkorb bereits 1950 in die Läden kam, gab es seit dem noch viele Neuheiten zu bestaunen. Revolutionär war zum Beispiel die Einführung des Pfandschlosses. Es sorgt dafür, dass nicht jeder seinen Wagen nach Gebrauch irgendwo herumstehen lässt. Wer sein Pfandgeld zurückhaben möchte, ist gezwungen, den Wagen wieder an die dafür vorgesehene Stelle zubringen. Neuerdings gibt es sogar Pfandschlösser mit unterschiedlichen Schlitzformen, damit man nicht beliebig viele Wagen in eine Reihe koppeln und somit den Verkehr auf dem Parkplatz behindern kann.

Auch gegen Diebstahl wird immer mehr gerüstet. Diebstahlsysteme verhindern ein Verlassen des Marktgeländes, indem sie die Räder blockieren und ein Weiterschieben somit unmöglich machen.

Der letzte Schrei jedoch sind Einkaufswagen, die den Kunden akustisch oder mittels eines Displays über die aktuelle Angebote aus dem momentan befahrenen Durchgang informieren.

Photokopiergerät **1938**
(Xerographie)

Chester F. Carlson
USA

Längst gehört der Photokopierer zur Standardausstattung im Büro. Zwar ist das Kopieren von Unterlagen heute genau so selbstverständlich wie Telefonieren oder das Arbeiten am PC, doch noch bis Ende der 50er Jahre war das Abschreiben die einzige Möglichkeit ein bereits bestehendes Dokument zu vervielfältigen. Noch vor zwei Generationen hätte man das alles von Hand abtippen müssen. Doch wem haben wir dieses Wunderwerk der Technik zu verdanken?
Der geistige Vater des Kopierers war der amerikanische Physiker und spätere Patentanwalt Chester Carlson. Carlson arbeitete nach seinem Studium im Patentbüro einer kleinen Elektrofirma, wo er für die Ausarbeitung der firmeneigenen Patentanmeldungen zuständig war. Da das Patentamt sämtliche zur Einreichung vorgesehenen Unterlagen in x-facher Ausführung verlangte, mussten immer zahlreiche Abschriften angefertigt werden. Carlson ärgerte sich stets über diese zeitraubende Notwendigkeit und wünsche sich, es gäbe eine Maschine die diese Arbeit für ihn erledigen könnte. Befangen von diesem Wunsch, begann er intensiv über die Umsetzbarkeit einer solchen Maschine nachzudenken. Natürlich war Carlson als Naturwissenschaftler mit vielen physikalischen und chemischen Vorgängen vertraut. Daher wusste er auch, dass manche Elemente, wie zum Beispiel Schwefel oder

Selen, ihre elektrostatischen Eigenschaften je nach Lichteinfall veränderten. So begann der Physiker zum Leidwesen seiner Nachbarn, mit dem stark nach faulen Eiern riechenden Schwefel zu experimentieren. Eines Tages lernte Chester Carlson den deutschen Physiker Otto Kornei kennen. Wenig später beschloss er, ein Labor anzumieten und Kornei als seinen Assistenten einzustellen. Zusammen mit ihm gelingt Carlson am 22. Oktober 1938 dann endlich der Durchbruch. Es gelang ihnen die erste Photokopie der Welt herzustellen. Dazu beschichteten sie zunächst eine Metallplatte mit Schwefel. Diese rieben sie mit einem Baumwolltaschentuch, sodass sich der Schwefel elektrostatisch auflud. Auf eine Glasplatte schrieben sie mit schwarzer Tinte: *10-22-38 ASTORIA*. Anschließend legten sie die Glasplatte auf die Metallplatte und stellten das Ganze für ein paar Sekunden unter eine Lampe. Überall dort, wo Licht auf den Schwefel fiel, verschwand die elektrostatische Ladung, nur unterhalb des Schriftzuges blieb sie erhalten. Nach Entfernen der Glasplatte stäubten die beiden etwas Bärlappsamen auf die Metallplatte. Der Samen blieb an den elektrisch geladenen Stellen haften und konnte so auf ein darauf gedrücktes Wachspapier übertragen werden.

Noch im selben Jahr erhielt Carlson ein Patent auf sein Xerographie genanntes Verfahren, welches bis heute das Funktionsprinzip des Kopierers ist. Seltsamerweise fand sich kein Hersteller für diese Erfindung und es dauerte noch 21 Jahre, bis der erste Kopierer auf den Markt kam.

Klettverschluss 1941

George de Mestral
Schweiz

Der Schweizer Ingenieur George de Mestral war ein passionierter Jäger und Wanderer, der, so oft es ging, mit seinem Hund durch die Natur streifte. Als er eines schönen Morgens im Jahre 1941 von der Jagd zurück kam, machte er eine interessante Entdeckung. An seiner Kleidung und am Fell seines Hundes hatten sich etliche Kletten verfangen. Als der interessierte Naturbeobachter Mestral diese entfernte, wunderte er sich darüber, wie hartneckig diese doch anhafteten und beschloss herausfinden, wie es dieser Pflanze möglich war, ihre Samenkapseln so gut an vorbeikommenden Lebewesen zu befestigen. Unter dem Mikroskop entdeckte er die vielen kleinen Häkchen, die sich im Fell der Tiere und in der Kleidung des Menschen verhakten. Die Klette nutzt diesen Trick, um ihre Samen über möglichst große Distanzen zu verbreiten. George de Mestral war von der Einfachheit dieses Anhaftprinzips so fasziniert, dass er sich intensiver damit befasste. Er fand heraus, dass die Häkchen der Kletten sehr flexibel sind und aus diesem Grund nicht so leicht abbrechen. Immer wieder kann man sie befestigen und entfernen, ohne dass ihre Haftfähigkeit merklich nachläst. Dies brachte Mestral auf die geniale Idee, einen Verschluss nach diesem Prinzip zu entwickeln. Nach jahrelanger Forschungsarbeit entwickelte er ein revolutionäres Verschlusssystem, das einfach zu bedienen ist und sich nicht verklemmen kann, den Klettverschluss. Er erleichtert unseren Alltag ungemein.

166

Ob sich kleine Kinder damit selber ihre Schuhe schließen oder Rennfahrer ihre feuerfesten Overalls, Klettverschlüsse benutzt fast jeder. Und dabei ist Klett längst nicht nur als Verschluss anzutreffen. Von der Hausfrau, die mit Klett Fliegengitter an den Fenstern anbringt, über den Montagearbeiter, der Kabel zusammenklettet und Bauteile mithilfe von Klettbändern installiert, bis zum Astronauten, der seine Werkzeuge damit vor dem Herumschweben sichert, profitiert fast jeder von diesem Produkt. Ständig erschließen sich neue Einsatzgebiete für diese vielfältig einsetzbare Erfindung. Überall dort, wo man zwei unterschiedliche Materialien reversibel miteinander verbinden möchte, bildet der Klettverschluss das passende Bindeglied. Insbesondere im Haushalt wird er in Zukunft immer häufiger anzutreffen sein. 1959 kam der Klettverschluss unter dem Namen *Velcro* auf den Markt. Der Markenname setzt sich aus den Wörtern **Vel**ours (ein textiles Gewebe) und **cro**chet (franz. f. Haken) zusammen. Die Firma *Velcro* ist weltweit der führende Anbieter von textilen Klettprodukten. Sie bewirbt ihr Produkt als „den natürlichsten Verschluss" und stellt die Pflanze, der wir diesen zu verdanken haben, in direkte Verbindung dazu: Die Klette [1].

---

[1] Arctium lappa (Große Klette) aus der Familie der Korbblüter. Die bis zu 1,5 m hoch wachsende Große Klette besitzt einen wollig behaarten, aufrechten Stängel. Die roten Blüten sitzen in lockeren Trugdolden und bilden borstige Früchte, die bei Reife vom Stiel fallen.

Getränkekarton 1943

Ruben Rausing
Schweden

1895 wurde in Helsingborg in Schweden ein Junge namens Ruben Rausing geboren. Nach seinem Studium in Volkswirtschaftslehre an der Stockholm school of economics ging er in die USA und machte 1920 seinen Maser of Science in finance. Während seiner Studienzeit wurden in den Vereinigten Staaten gerade die ersten Selbstbedienungsläden eröffnet. Da sich diese dort höchster Beliebtheit freuten, vermutete Rausing, dass dieser Boom auch bald in Europa aufkommen könnte. Zurück in Schweden, gründete er zusammen mit seinem Geldgeber Erik Akerlund, eine Firma für Lebensmittelverpackungen. Rausing war sich sicher, dass diese bald sehr stark nachgefragt würden und wollte zur rechten Zeit am rechten Ort sein. Zu Beginn hatte die kleine Firma schwer ums Überleben zu kämpfen, sodass sich Erik Akerlund 1933 wieder von dem Unternehmen trennte. Ruben Rausing hingegen blieb seiner Theorie treu und wartete, bis der Markt für ihn und seine Produkte bereit war. Als die ersten Supermärkte in Schweden eröffnet wurden, war seine Zeit gekommen. Es galt Verpackungen für den Verkauf der bisher losen Waren zu entwickeln. Diese mussten von hoher Qualität sein, da der Vertrieb mittels Supermärkten, längere Transportwege und Lagerung mit sich brachte. Als besonders problematisch sollte sich das Verpacken von Milch erweisen. Rausing setzte es sich zum Ziel, eine neue Verpackung dafür zu entwickeln, um so den umständlichen

Umgang mit Milchkannen und Milchflaschen zu vermeiden. Die Verpackung musste sowohl praktisch für den Verbraucher als auch für den Vertrieb sein. Außerdem sollte durch sie mehr Geld eingespart werden, als ihre Herstellung kostete. Anfangs gab es viele Probleme zu lösen da ja nicht nur die Verpackung an sich, sondern auch deren Produktionsmaschinen und eine neuartige Abfüllanlage dafür erdacht werden mussten. Ruben Rausing beauftragte seine besten Mitarbeiter, sich dieser Probleme anzunehmen. So haben wir die ursprüngliche Form des Milchkartons, den Tetraeder[1], Erik Wallenberg und die Abfüllanlage Harry Järund und Nils Andersson zu verdanken. Großes Kopfzerbrechen bereitete Rausing auch das Abfüllen der Milch, da diese beim Portionieren sehr schäumte. Zuhause berichtete er seiner Frau von diesem Problem, da es ihn zunehmend beschäftigte. Diese hatte die Idee, die Milch kontinuierlich in einen langen Schlauch aus Kartonverpackung laufen zu lassen und diesen erst im gefüllten Zustand zu einzelnen Packungen zu verschweißen. Dadurch schäumte die Milch kaum und die Packungen wurden zu 100% voll. Rausing steckte viel Arbeit in die Verwirklichung seines Vorhabens, doch bleibt der ihm gebührende Anteil an der Erfindung des Getränkekarton aufgrund der vielen Leute, die ihm dabei zu Seite standen, bis heute strittig.

---

[1] Der Tetraeder ist ein 4-seitiger Körper, der auch als Dreieckpyramide bekannt ist. Er ist auch Namensgeber für den TetraPak (die tetraederförmige Packung).

Mikrowellenherd   **1947**

Percy LeBaron Spencer
USA

Wieder einmal ist es dem Zufall zu verdanken, dass jemand herausfand, dass man mithilfe von Mikrowellenstrahlung in Minutenschnelle Speisen erwärmen kann. Dieser jemand war der Erfinder Percy L. Spencer. Er arbeitete damals bei der amerikanischen Rüstungsfirma Raytheon in Massachusetts. Seit dem zweiten Weltkrieg wurden dort Teile für Radaranlagen produziert. Für den Bau von Radargeräten benötigt man unter anderem, spezielle Vakuumröhren die unter dem Namen Magnetron bekannt sind. Ein Magnetron erzeugt elektromagnetische Strahlung im Mikrowellenbereich. Spencer war in den Vierziger Jahren Abteilungsleiter im Bereich Leistungsröhren und trug erheblich zur Verbesserung des Magnetrons bei.

Als er im Jahr 1945 während eines Versuchs neben einem laufenden Magnetron stand, bemerkte er, dass der Schokoriegel, den er in seiner Tasche hatte, plötzlich zu schmelzen begann. Da er diesen schon eine weile dort aufbewahrte, konnte er sowohl die Zimmertemperatur als auch seine Körperwärme als Ursache für das Schmelzen ausschließen. Hatte etwa das Magnetron dieses schnelle Schmelzen ausgelöst? Von Neugierde gepackt stellte er weitere Nahrungsmittel vor das Magnetron, um herauszufinden was passiert. Er stellte zum Beispiel getrockneten Mais davor, dieser verwandelte sich innerhalb von wenigen Minuten in Popcorn. Einen weiteren bekanten Versuch stellte er mit einem rohen Ei an. Er legte das Ei in einen Wasserkessel und stellte das Ganze in Position. Es dauerte nicht lange, da explodierte das Ei und einem neugierigen Beobachter flogen die heißen Reste ins Gesicht. Auch wenn der Versuch mit dem Ei gescheitert war, so sah Spencer doch den großen Nutzen der Mikrowellenstrahlung, was die Bereitung von Speisen angeht. Die Idee vom Mikrowellenherd war geboren. 1947 brachte die Firma Raytheon unter der Anleitung von Percy Spencer den ersten Mikrowellenherd auf den Markt. Die ersten Geräte waren damals ziemlich groß und wogen etwa 350 kg. Außerdem waren sie natürlich sehr teuer, man musste etwa 5.000 Dollar dafür hinlegen, was zur damaligen Zeit eine Menge Geld war.

Heutzutage ist der Mikrowellenherd fast in jedem Haushalt zu finden, doch ist er immer noch das mysteriöseste Gerät in unseren Küchen. Wie also funktioniert dieses Wunderwerk der Technik?

Die vom Magnetron erzeugten Mikrowellen schwingen 2,45 Mrd. mal in der Sekunde. Da sich z. B. Wassermoleküle immer nach einem elektrischen Feld ausrichten, sind sie gezwungen 4,9 Mrd. mal in der Sekunde ihre Richtung zu wechseln. Dabei rempeln immer mehr Moleküle ihresgleichen an, so kommt recht schnell Bewegung in die Welt der Moleküle. Und ein sich schnell bewegendes Molekül ist naturgemäß ein heißes Molekül. Da unser Essen aus Molekülen besteht, bekommen wir mit dieser Methode schnell eine warme Mahlzeit.

Frisbee **1948**

Walter Frederick Morrison
USA

Nachdem der UFO-Wahn in den USA immer mehr Anhänger fand und alles, was mit den fliegenden Untertassen zu tun hatte, immer mehr an Popularität gewann, galt es schnell Profit daraus zu schlagen. Walter Frederick Morrison und sein Geschäftspartner Warren Franscioni gründeten die Firma Pipco (Partners in Plastic). Sie waren bestrebt, aus den UFOs ein kommerzielles Produkt zu machen. Im Frühjahr 1948 stellten sie den Prototypen einer Wurfscheibe her, die einem UFO ähnelte. Diese war jedoch aus einem zu harten Kunststoff gefertigt, der beim Hinfallen auf den Boden leicht zersplitterte. Die Fertigung und Vermarktung ihres Produktes namens Flyin Saucer, überließen die beiden der Southern California Plastic Company. In Folge schlechtem Marketings verkaufte sich das neue UFO-Produkt jedoch schlecht. Morrison und Franscioni lösten ihre Geschäftsbeziehung aufgrund finanzieller Probleme 1951 auf. Morrison gründete daraufhin in Los Angeles die Firma American Trends. Er überarbeitete die *Flyin Saucer* mit der Absicht, sie noch mehr nach einem UFO aussehen zu lassen. 1953 bringt er das modifizierte Modell unter dem Namen *Pluto Platter*, auf den Markt. Morrisons eigentliche Neuerung der *Pluto Platter*, war ihr ab dem äußeren Drittel abfallender Rand. Dieses charakteristische Merkmal, der *Morrison Slope*, wurde patentiert und sollte das Grunddesign der Frisbeescheibe werden. Ende 1955

172

wurden die Inhaber der Spielzeugfirma Wham-O auf Morrisons *Pluto Platter* aufmerksam. Rich Knerr und A. K. "Spud" Melin kauften die Rechte an Morrisons Design und produzierten ab 1957 die Scheibe unter dem Namen *Toy Flying Saucer.*

Auf einer Geschäftsreise hörte Knerr von einem Spiel namens "Frisbie-ing". Dabei handelte es sich um die Bezeichnung für ein Spiel, bei dem Studenten sich gegenseitig Tortenschalen zuwarfen.

Die Frisbie Baking Company belieferte zur damaligen Zeit viele Universitäten im Land. Ihre Kuchen verkaufte die Firma in runden Metallschalen, in deren Boden das Markenzeichen *Frisbie Pies* eingeprägt war. Wahrscheinlich ist irgendwann ein lustiger Student auf die Idee gekommen und warf seine leere Kuchenschale quer durch die Mensa. Der Spaß fand schnell Nacharmer, und weil nicht jeder, der mitmachen wollte eine Kuchenschale hatte, begannen die Studenten sich die Schalen gegenseitig zuzuwerfen. Irgendwer las wohl die Prägung *Frisbie Pies* und kreierte einen Namen für das Spiel.

So oder ähnlich wird es wohl gewesen sein, jedenfalls gefiel Knerr der Name "Frisbie-ing" und er ließ sich daraufhin 1959 den Markennamen *Frisbee* für seine Wurfscheibe schützen. Dies sollte noch zu Prozessen führen, da andere Hersteller von ähnlichen Wurfscheiben auch diesen Namen benutzten. Sie beriefen sich darauf, dass der Name *Frisbee* in verschiedenen Schreibweisen schon seit Jahren existiere. Morrison jedoch konnte das egal sein, er erhielt über 1 Mio. Dollar an Tantiemen für sein Design.

Currywurst   **1949**

Herta Heuwer
Deutschland

Mit geschätzten 800 Millionen Portionen steht die Currywurst auf Platz eins der beliebtesten Deutschen Imbissgerichte. Geboren wurde die Idee mit der Currywurst in einer regnerischen Herbstnacht am 04. September 1949 in einer kleinen Imbissbude in Berlin-Charlottenburg. Witterungsbedingt war kaum jemand auf den Strassen und die Imbissbesitzerin Herta Heuwer langweilte sich ein wenig. Des öfteren hatte sie gesehen, wie amerikanische Soldaten gebratenes Steak mit Ketchup aßen. Doch Ketchup war zur damaligen Zeit in Deutschland weitestgehend unbekannt und Steaks konnte sich kaum jemand leisten. Da kam Herta auf die kesse Idee, das Steak durch eine original Berliner Dampfwurst zu ersetzen. Zwar aß man diese Gewöhnlicherweise mit Senf, doch warum sollte man es nicht einmal mit einer Tomatensauce probieren? Vielleicht wäre uns die Currywurst für immer vorenthalten geblieben, hätte Herta Heuwer damals richtigen Ketchup zu Hand gehabt. Doch sie kreierte eine eigene Tomatensauce für die Dampfwurst. Dazu rührte sie verschiedene Gewürze in eine Portion Tomatenmark und heraus kam die heute allseits beliebte Sauce für die original Berliner Currywurst. Ihr neues Gericht wurde zum vollen Erfolg. Im Jahr 1959 meldete Herta Heuwer ihre neue Kreation, die mittlerweile in aller Munde war, unter dem Namen *Chillup* (aus Chili und Ketchup) beim Deutschen Patent- und Markenamt an. Natürlich fand die Currywurst schnell reißenden Absatz, zuerst in Hertas kleinem Imbisswagen und später in einem größeren Stand, der bald in der ganzen Stadt bekannt wurde. Noch heute befindet sich an dieser Stelle: Kaiser-Friedrich-Straße/Ecke Kantstraße eine Gedenktafel, die an diesen Imbissstand und an die Erfindung der Currywurst erinnert.

Es dauerte nicht lange, bis auch andere Imbissbesitzer die Idee mit der Currywurst nachahmten. Sie versuchten alle am großen Erfolg ihrer Kollegin anzuknüpfen und rührten eigene Saucen an. Was mit einer schlichten Berliner Dampfwurst mit Chillup anfing, mauserte sich bald zu einer waren Flut verschiedener Würste und Saucen. Und hier gehen auch schon die Geschmäcker auseinander. Zwar verkaufen alle ihr Produkt unter dem Namen Currywurst, doch ist die Sauce immer eine andere und die Wurst ist auch nicht gleich Wurst. Mittlerweile werden alle möglichen Wurstsorten in mundgerechte Stücke zerteilt und als Currywurst angeboten.

Je nach Region handelt es sich dabei um Bockwurst, Wiener, Frankfurter oder Rostbratwurst. Die Würste werden gegrillt, gebrüht oder gebraten. Wer nichts von der ursprünglichen, köstlichen Version der Berliner Erfindung versteht, verkauft gar eine stundenlang warmgehaltene Bratwurst mit Tomatenketchup und streut, wie als Alibi, noch etwas Currypulver darüber.

Der Berliner bleibt jedoch am liebsten bei seiner Dampfwurst, die einzige Frage die sich ihm stellt ist: Mit Darm oder ohne?

Kreditkarte 1949

Frank McNamara
USA

Als "The First Dinner" wird jener ausschlaggebende Abend im Jahr 1949 bezeichnet, der zur Erfindung der Kreditkarte führte. An jenem Abend dinierte der New Yorker Geschäftsmann Frank McNamara mit seinen Geschäftsfreunden im *Majors Cabin Grill,* nahe des Empire State Buildings. McNamara war spendabel und ließ sich nicht lumpen. Die Gesellschaft bestellte die Speisekarte rauf und runter und alle amüsierten sich vorzüglich. Als der edle Spender jedoch die Rechnung bezahlen wollte, musste er feststellen, dass er gar kein Geld bei sich hatte. Er geriet ins Schwitzen und ärgerte sich sehr über sich selbst. Da er sich jedoch nichts anmerken lassen wollte und noch viel weniger dazu bereit war, einen seiner Geschäftsfreunde um Geld zu fragen, blieb ihm nichts anderes übrig, als seine Ehefrau anzurufen und sie um Hilfe zu beten. Seine Frau half ihm aus der Patsche und brachte das Geld kurze Zeit später ins Restaurant. So konnte er seine Rechnung bezahlten ohne sich Geld zu borgen, oder gar den Abwasch machen zu müssen. McNamara zog seine Lehren aus diesem Vorfall und schwor sich, dass ihm so etwas nie wieder passieren würde. Fortwährend versank er in Gedanken, bis er einen brillanten Einfall hatte. Seine Idee: Essen auf Kredit. Ein Jahr lang versuchte McNamara möglichst viele New Yorker Restaurantbesitzer für sein neues Bezahlsystem zu begeistern. Er wollte, dass diese bei Vorlage eines

176

speziellen Mitgliedsausweises, der *Diners Card*, kein Bargeld verlangten, sondern eine Rechnung schickten, die erst Ende des Monats beglichen werden musste. Als McNamara einige Lokale dazu überredet hatte, gründete er seinen exklusiven Ess- und Trinkverein, den *Diners Club*. Seine Mitglieder bekamen einen Ausweis, mit dem sie in den gelisteten Lokalen essen und trinken konnten. Die Rechnungen dafür erhielt der *Diners Club*. Dieser bezahlte die Restaurants und schickte seinen Mitgliedern wiederum eine Gesamtrechnung über die im letzten Monat angefallenen Restaurantkosten und eine kleine Bearbeitungsgebühr. Zunächst verfügten nur etwa 200 Freunde und Geschäftspartner von McNamara über eine *Diners Card*. Doch die Zahl der Mitglieder und der Akzeptanzstellen stieg ständig. Schon 1950 verzeichnete der *Diners Club* etwa 42.000 Mitglieder, die bei über 330 Unternehmen bargeldlos einkaufen konnten. McNamara war der Erfolg seiner Erfindung nicht ganz geheuer und er befürchtete, dass sein Bezahlsystem bald zusammenbrechen könnte.

Um dieser Pleite zu entgehen, verkaufte er den *Diners Club* an eine Bank. Heute wissen wir, dass er mit dem Verkauf einen großen Fehler gemacht hat. Das Zahlen mit Kreditkarte erfreute sich immer größerer Beliebtheit und immer mehr Unternehmen boten diesen Service an.

Heute bezahlen wir rund um die Welt, egal in welcher Währung, bargeldlos mit unserer Kreditkarte.

Wegwerfwindel 1951

Marion Donovan
USA

Marion Donovan geb. O'Brien wurde 1917 in Fort Wayne, Indiana geboren. Ihre Mutter starb, als sie gerade 7 Jahre alt war und so verbrachte sie einen Großteil ihrer Kindheit mit ihrem Vater. Dieser hatte eine eigene Werkstatt in der er Getriebe für die Automobilindustrie entwickelte. Zusammen mit seinem Bruder tätigte er einige Erfindungen in dieser Werkstatt, in der auch Marion viel Zeit verbrachte.

Nach ihrem Studienabschluss in englischer Literatur 1939, arbeitete Marion O'Brien als Redakteurin für die Modezeitschrift *Vogue* in New York. Später heiratete sie und zog mit ihrem Mann James Donovan nach Westport, Connecticut.

1946 machte sich auch bei ihr der in ihrer Familie verbreitete Erfindergeist bemerkbar. Sie hatte gerade ihr zweites Baby bekommen und musste wiederum erfahren, wie mühselig es doch ist, die Kleinen trocken zu halten. Kaum hat man die Windel gewechselt, schon ist sie wieder voll. Doch damit nicht genug! Ständig laufen die Windeln aus und das Kind muss umgezogen und das Bettzeug gewechselt werden. Natürlich könnte man dem Baby eine dieser Gummihöschen über die Windel anziehen, doch dann hat man bald mit Windelausschlag zu kämpfen. Diese Gummiüberhöschen waren nicht nur schlecht für die empfindliche Babyhaut, sondern auch noch sehr unangenehm zu tragen. Donovan beschloss eine Lösung für dieses Problem zu finden. Ihr erster Schritt war, eine bessere Windelhose zu entwickeln. Sie nahm einen Duschvorhang und schneiderte daraus ein eigenes Windelhöschen. Dieses sollte sich schon nach wenigen Modellen als brauchbar erweisen, denn ab sofort wurde weder das Bett nass, noch bekam ihr Kind Windelausschlag. Donovans Windelhöschen, der so genannte *Boater* war ein voller Erfolg.

Nach und nach entwickelte sie ihre Erfindung weiter. Die endgültige Version war aus Fallschirmnylon geschneidert und wurde mit Druckknöpfen geschlossen. Bereits 1949 konnten geplagte Mütter die Windelüberhose im Laden kaufen. Als Marion Donovan 1951 das Patent für ihren *Boater* enthielt, widmete sie sich bereits einer noch weitreichenderen Innovation, der Wegwerfwindel.

Die Entwicklung der Wegwerfwindel erwies sich jedoch als wesentlich komplizierter als das Windelhöschen. Am schwierigsten war es, ein Papier zu finden welches in der Lage war, die Nässe nicht nur schnell aufzusaugen, sondern auch vom Babypopo fern zu halten. Nach vielen Tests mit zahlreichen Papiersorten, gelang es Marion Donovan schließlich, auch dieses Problem zu lösen. Erstaunlicherweise interessierte sich zunächst keine Firma für dieses heute nicht mehr wegzudenkende Produkt. Daraufhin verfolgte Donovan neue Ziele und absolviert ein Architekturstudium an der Yale Universität.

Die Wegwerfwindel trat ihren Siegeszug jedoch erst rund 10 Jahre später an, als Victor Mills von der Firma *Procter & Gamble* die *Pampers* auf den Markt brachte.

Spreizdübel   **1958**

Artur Fischer
Deutschland

Schon in jungen Jahren bastelte Artur Fischer gerne herum. Er befasst sich gerne mit alltäglichen Problemen und versuchte diese dann bestmöglich zu lösen. Mittlerweile ist ihm das bereits etliche Male gelungen. Heute zählt Artur Fischer zu den größten Erfindern aller Zeiten. Mit seinen über 1000 Patenten ist er in einem Zuge mit dem amerikanischen Erfinder Thomas Alva Edison zu nennen. Stets einen Notizblock zur Hand arbeitet der am 31. Dezember 1919 geborene Schwabe auch im hohen Alter noch an neuen Erfindungen.

Angefangen hatte alles in einer kleinen Werkstatt, in der Artur Fischer Schalter für Webstühle und elektrische Feueranzünder herstellte. 1948 gründete er die Artur Fischer GmbH & Co. KG und bereits ein Jahr später brachte er seine erste Innovation heraus, den Photoblitz. Fischer wollte ein Photo von seiner Tochter in ihrem ersten Zuhause haben, leider war es in der kleinen Mansardenwohnung sehr dunkel und der Photograf konnte dort keinen Pulverblitz einsetzten. Daraufhin entwickelte Fischer das erste Blitzlichtgerät, welches gleichzeitig mit dem Photoapparat ausgelöst wurde. Nachdem die Firma Agfa ein Jahr später auf seinen Photoblitz aufmerksam geworden war, kaufte diese bald darauf die ganze Produktion auf.

Den wahren Durchbruch jedoch, machte Fischer mit der Erfindung des Spreizdübels. Bevor dieser auf dem Markt kam, war es ziemlich kompliziert, etwas Schweres an der Wand zu befestigen. Man musste dazu ein Loch stemmen und ein nach vorne zugespitztes Stück Holz (eine Art Holzdübel, der meist bei Bedarf kurzerhand geschnitzt wurde) darin platzieren. Anschließend schmierte man die Lücken mit Gips zu und wartete bis dieser ausgehärtet war. Nur so konnte man eine Schraube in der Wand befestigen.

1956 wurde Fischer von seinem alten Lehrherr, dem Schlossermeister Wilhelm Müßig gebeten, doch einen speziellen Dübel für ihn herzustellen. Um Müßig nicht zu enttäuschen, fertigte er ihm die gewünschten Dübel. Dank dieses Auftrages kam er eines Samstagnachmittags auf die Idee, sich über eine neuartige Befestigungstechnik Gedanken zu machen. Es musste etwas sein, dass man in ein Loch in der Wand steckt und dass beim Eindrehen einer Schraube von selbst Halt findet. Dabei durfte es sich weder mitdrehen noch irgendwie verschieben oder herausziehen lassen. Nach einer groben Vorstellung und ein paar Skizzen, wie dieser Dübel beschaffen sein musste, machte sich der Tüftler an die Arbeit. Er goss sich kleine Röhrchen aus Nylon und setzte sich damit an seine Werkbank. Dort spannte er diese in den Schraubstock ein und bearbeitete sie mit Feile und Säge.

Nach vielen Tests und vielen Modellen erhielt der Spreizdübel schließlich 1958 seine Patentnummer: 1097117 und seine offizielle Bezeichnung:

Spreizdübel aus Kunststoff mit sägezahnförmigen Einschnitten und federnden Sperreinrichtungen.

Chipkarte 1968

Jürgen Dethloff
Deutschland

Aus unserem Alltag ist sie kaum mehr wegzudenken. Wir brauchen sie beim Arzt, im Prepaid-Handy, als Schlüssel- oder Eintrittskarte und fast überall dort, wo wir uns als berechtigte Person identifizieren müssen. In ihrer Patentschrift wurde sie als Identifizierungsschalter bezeichnet, bekannt wurde sie jedoch unter dem Namen Chipkarte. Ihre Erfinder, der gelernte Rundfunk-Mechanikermeister Jürgen Dethloff und der Ingenieur Helmut Gröttrup sind hingegen nahezu unbekannt. Dethloff hatte zuvor eine kleine Elektronikfirma in Hamburg und Gröttrup arbeitete unter Wernher von Braun an der V2. Als die Banken zu Beginn der 60er-Jahre die ersten Kundenkarten einführten, erkannte Dethloff sogleich ihr großes Potenzial. "Ein erfolgreicher Erfinder ist eigentlich ein Unternehmer, der sich überlegen muss, was der Markt morgen braucht." Nach diesem Leitsatz machte er sich zusammen mit Gröttrup an die Arbeit, einen Nachfolger für die Magnetkarte zu entwickeln.
Nachdem die Firma Siemens 1965 als erste in Europa, integrierte Schaltkreise anbot, bauten die beiden kurze Zeit später die erste Chipkarte. Dabei handelte es sich um eine kleine Karte aus Plastik mit einem integrierten Halbleiterchip. 1969 meldeten sie diese zum Patent an. Chipkarten werden heute in zwei große Gruppen eingeteilt, Speicherkarten und Mikroprozessorkarten. Eine Speicherkarte verfügte über eine einfache Logikschaltung

182

und einen zusätzlichen Speicher zum Beschreiben und Auslesen. Diese werden beispielsweise für Krankenversicherungskarten oder als Speichermedium zum Datentransfer genutzt.

Mikroprozessorkarten, oft auch als Smartcards bezeichnet, sind da schon etwas komplexer. Sie verfügen nicht nur über einen Schreib-/Lesespeicher sondern sie sind auch noch frei programmierbar und somit vielseitig einzusetzen. Wir benutzen sie heute ebenso beim bargeldlosen Zahlungsverkehr, wie auch beim Telefonieren mit dem Vertragshandy.

1977 ließ sich Jürgen Dethloff auch die Rechte an seiner Mikroprozessorkarte sichern.

Ganz egal ob nun Speicherkarte oder Mikroprozessorkarte, Chipkarten findet man heute fast in jeder Brieftasche. Ihren ersten großen Einsatz hatte die Chipkarte 1984, als der französische Telefonanbieter *France Telecom* die ersten Telefonkarten herausbrachte.

Dies war das erste Mal, dass die Chipkate auch bei Privatleuten Verwendung fand. Heutzutage kommen wir um ihren Gebrauch kaum mehr herum. Auch wenn Telefonzellen mittlerweile ein Relikt der Vergangenheit geworden sind, so machen wir in andren Bereichen täglich Gebrauch von dieser Karte.

Zwar kennt heute kaum jemand die Pioniere der Chipkarte beim Namen, doch kann man ohne weiteres behaupten, dass Jürgen Dethloff und Helmut Gröttrup zu den ganz großen Erfindern des Informationszeitalters gehören.

Haftnotiz

1974

Art Fry
USA

Häufig wenn etwas erfunden wird, geschieht dies durch
Zufall oder aus einer Not heraus. Bei Art Fry, dem Erfinder
der Haftnotiz, war es die Not der Verzweiflung, die ihn
dazu trieb, an einer Lösung für sein Problem zu tüfteln. Art
Fry war Mitglied im lokalen Kirchenchor. Während der
Proben markierte er sich die entsprechenden Seiten im
Gesangbuch immer mit kleinen Zettelchen, um bei der
nächsten Probe oder dem Gottesdienst im Handumdrehen
die richtige Seite aufschlagen zu können. Nicht selten fielen
ihm jedoch einige seiner Lesezeichen heraus, worüber er
sich stets ärgerte. Eines Sonntags beim Gottesdienst,
nachdem ihm mal wieder seine Zettelchen aus dem
Gesangbuch gefallen waren, fiel es ihm wie Schuppen von
den Augen. Wenn die Lesezeichen nicht immer herausfallen
sollen, musste man sie festkleben. Natürlich hätte Fry
seine Zettelchen einfach mit Klebeband befestigen können,
aber dann würden sie zu gut halten und ließen sich nur
schwer wieder herauslösen. Schließlich wechseln die zu
markierenden Seiten ständig. Er brauchte Lesezeichen, die
sich nicht nur festkleben, sondern auch wieder problemlos
entfernen lassen, ohne das Gesangbuch zu beschädigen.
Fry dachte gleich an seinen Arbeitskollegen Spencer Silver,
bei der Firma 3M.
Dieser hatte 1968 einen neuartigen Klebstoff entwickelt,
welcher der Schlüssel zu den selbstklebenden und
wiederablösbaren Lesezeichen sein könnte. Eigentlich

184

versuchte Spencer Silver den Kleber zu verbessern, den 3M für Klebeband verwendete. Doch anstatt eine viel besser klebende Substanz zu entwickeln, geschah genau das Gegenteil. Silver kreierte einen Klebstoff der zwar klebte, aber das Angeklebte auch sehr leicht wieder freigab. Der Klebstoff bestand aus kleinen Kugeln die sich weder auflösen noch schmelzen ließen. Obwohl jede einzelne dieser Kugeln sehr gut klebte, war die Klebewirkung, wenn man den Kleber auf eine Fläche auftrug, sehr gering. Dies lag daran, dass eine Kugel ja nur mit einer verhältnismäßig kleinen Fläche aufliegt und die beiden zu verklebenden Objekte somit kaum berührt. Daher gibt es keine durchgängige Klebefläche und eine relativ schlechte Verbindung. Spencer Silver überlegte lange herum, ob es nicht doch eine Anwendungsmöglichkeit für seine neue Entwicklung gab. Er wollte eine Art selbstklebendes Notizbrett herausbringen, an das man seine Zettel ohne Hilfsmittel anbringen kann. Die ultimative Lösung jedoch sollte Art Fry liefern. Er schlug vor, selbstklebende, wiederablösbare Zettelchen damit herzustellen. Bei der Markteinführung der Post-its[1] 1977, gab es dermaßen große Anlaufschwierigkeiten, dass man den Artikel auf der Straße zum Testen verschenkte.

Art Fry jedoch fielen nie wieder seine Lesezeichen aus dem Gesangbuch heraus.

---

[1] „Post-it®" ist das Begriffsmonopol, unter dem 3M seine Haftnotiz vermarktet.

Tetris 1985

Alexej Patschitnow
Russland

Entwickelt wurde Tetris 1985 beim Moskauer Computerzentrum der Akademie der Wissenschaften. Der dort angestellte Alexej Patschitnow programmierte das Spiel zunächst für das russische Computermodell *Electronica 60*. Kurz darauf wurde mit Hilfe des damals 16jährigen Vadim Gerasimow auch eine Version geschrieben, die auf IBM kompatiblen PCs lief. Inspiriert wurde Patschitnow von einem Puzzlespiel, das brachte ihn auf die Idee ein Spiel zu programmieren, bei dem man bauklötzchenähnliche Steine passgenau zusammensetzen muss. Stolz über sein gelungenes Programm, verteilte er Kopien davon an seine Freunde. Patschitnow wäre nie auf die Idee gekommen, sein Computerspiel urheberrechtlich schützen zu lassen oder es auch nur irgendwie zu vermarkten, an so etwas war in der damaligen sowjetischen Planwirtschaft nicht zu denken.

Das Tetris jedoch trotzdem zu einem Welterfolg wurde und einen Riesenumsatz machte, ist dem Londoner Videospielhändler Robert Stein zu verdanken. Stein reiste gelegentlich in sein Heimatland Ungarn, bei dieser Gelegenheit suchte er dort nach neuen brauchbaren Computerprogrammen, um diese in England zu vermarkten. Im Juni 1986 wurde er beim Budapester Institut für Computerwissenschaften fündig.

Dort sagte man ihm, dass das Spiel von einem Freund beim Moskauer Computerzentrum stammt. Stein versuchte umgehend Kontakt dorthin aufzunehmen, um sich die Rechte an dem Spiel zu sichern. Er war so fasziniert von Tetris, dass er, nachdem sich die Russen nach ein paar Wochen immer noch nicht gemeldet hatten, einfach damit begann, seinerseits Lizenzen für das Spiel zu vergeben. Die englische Firma *Mirrorsoft* und das amerikanische Tochterunternehmen *Spectrum Holobyte* kauften Lizenzen bei Stein. Nach Wochen lies Patschitnow Stein dann ein Schreiben zukommen, dass er bereit sei einen Vertrag auszuhandeln. Stein scheiterte jedoch bei den Verhandlungen und flog ohne Lizenzen nach Hause. *Mirrorsoft* und *Spectrum Holobyte* machten bereits groß Werbung für Tetris. Sie priesen es als „das erste Spiel von hinter dem Eisernen Vorhang" an. Auf den Verpackungen war die Basiliuskathedrale am Roten Platz abgebildet und darüber flog die Cessna von Matthias Rust. Beim Schriftzug *Tetris* war das „s" Hammer und Sichel.

Als die Regierung von der Sache Wind bekam, schaltete sie sich ein und führte die Verhandlungen. Mittlerweile wollte auch noch *Nintendo* etwas vom Kuchen abhaben. Die Verhandlungen endeten damit, dass die Lizenzen für Tetris aufgeteilt wurden. Robert Stein erhielt die Lizenz für IBM kompatible Rechner, und Nintendo für Hand-Helds (Game Boy) und Konsolen (NES).

Nintendo verdiente Millionen und Steins Vertrag wurde später wegen ausbleibender Tantiemen für nichtig erklärt. Alexej Patschitnow wurde als der eigentliche Erfinder mit einem neuen PC abgespeist. Hätte er sich diesen jedoch selber kaufen wollen, hätte er 16 Jahre dafür sparen müssen.

World Wide Web 1989

Tim Berners-Lee
England

World Wide Web, ist damit nicht das Internet gemeint? Nein, das Internet und das World Wide Web (WWW) sind nicht dasselbe. 1969 begann die *Advanced Research Projects Agency* des US Verteidigungsministeriums das *ARPA*-Net aufzubauen. Zunächst diente es dazu, theoretische und experimentelle Untersuchungen im Bereich der Rechnernetze durchzuführen. Ab 1975 wurden dann auch Universitäten und Forschungseinrichtungen durch dieses Netzwerk verbunden, um ihre Forschungsergebnisse auf elektronischem Wege auszutauschen. Da sich das Netzwerk nun auch außerhalb des US Verteidigungsministeriums ausbreitete und auch nicht mehr von ihm finanziert wurde, konnte man von nun an diese Verbindung von verschiedenen Netzwerken und Großrechnern langsam als das Internet bezeichnen. 1980 trat dann der britische Informatiker Tim Berners-Lee auf den Plan, er schrieb ein Programm mit dem Namen *Enquire*. Dieses Programm sollte es Hochenergiephysikern erleichtern, in elektronischen Informationsquellen zu recherchieren. *Enquire* konnte Informationen durch Verknüpfung bestimmter Begriffe in unterschiedlichen Dokumenten miteinander verbinden. Um dieses System noch effizienter zu gestallten, startete er das Projekt World Wide Web und sorgte dafür, dass man auch die Dokumente auf anderen Computern in anderen Rechnernetzen durchsuchen kann. Hierzu entwickelte er die Hypertext Markup

188

Language(HTML). HTML ermöglicht es den Internetnutzern, ihre Dokumente in einem einheitlichen Format zu verfassen. Mit dem von ihm entwickelten Hypertext Transfer Protokoll (HTTP) wurde es möglich, diese Seiten miteinander zu verknüpfen. Dank seinem Universal Resource Locator (URL) Adressierungssystem ist es uns möglich, jede Seite einer bestimmten Adresse zuzuordnen. Um nun das World Wide Web für jedermann benutzerfreundlich zu gestalten, entwickelte er eine grafische Benutzungsoberfläche mit dem Namen Graphical User Interface (GUI).

Das World Wide Web, bestehend aus (HTML, HTTP, URL und GUI), ist ein von Berners-Lee entwickeltes System, mit dessen Hilfe man sehr benutzerfreundlich auf allerlei Daten und Dokumente auf der ganzen Welt zugreifen kann. Seit 1991 ist das World Wide Web fest im sich ständig ausbreitenden Internet verankert.

Heutzutage werden die meisten Erfindungen, die den Alltag einer Vielzahl von Menschen beeinflussen, von mehreren Leuten entwickelt. Die meisten Sachen, die später bei einer großen Anzahl von Personen Nutzen finden, wurden schließlich von einer Gruppe von Forschern oder Wissenschaftlern entwickelt. Doch Tim Berners-Lee ist ein gutes Beispiel dafür, dass man auch in der Neuzeit noch weltbewegende Erfindungen als Einzelperson machen kann. Aufgrund seines Beitrages für die Wissenschaft, wurde er 2004 von Königin Elisabeth II zum Ritter geschlagen. Von nun an darf sich der Erfinder des World Wide Web, Sir Timothy Berners-Lee nennen.

Webcam 1991

Quentin Stafford Fraser
England

Wer kennt es nicht, das Problem mit der gemeinschaftlichen Kaffeemaschine? Haben die Kollegen schon Kaffee aufgesetzt? Ist noch etwas Kaffee in der Kanne? Muss ich mich beeilen um noch eine Tasse Kaffee zu ergattern, oder ist noch genug da? Auch die Studenten der Cambridge Universität in England, kannten dieses Problem nur zu gut. Dort teilten sich zahlreiche im Computerlabor tätige Studenten eine gemeinsame Kaffeemaschine. Sie stand im Flur vor dem Netzwerkraum, welcher unter dem Namen *Trojan Room* bekannt war. Leider war dieser Standort nicht für alle Studierenden günstig gelegen, sodass manche Kaffeetrinker mehrere Treppen und Flure weit laufen mussten, um zur Kaffeemaschine zu gelangen. Häufig war dieser Weg umsonst, da die Kanne mal wieder leer war. Für die hart arbeitenden Akademiker, war dies ein sehr nerviges Problem, für das schnellstens eine Lösung gefunden werden musste. 1991 war es dann schließlich soweit. Ausgerechnet einer der Studenten, die im *Trojan Room* arbeiteten und der Kaffeemaschine somit am nächsten waren, fand eine Lösung. Bei einem der Computer im Trojan Room, gab es die Möglichkeit eine Kamera anzuschließen, um Videobilder auf den Rechner zu übertragen. Da dieser momentan nicht genutzt wurde, beschlossen die Studenten eine Kamera anzubinden und diese auf die Kaffeemaschine zu richten.

Der Student Paul Jardetzky, schrieb ein Programm welches alle 20 Sekunden ein aktuelles Bild erzeugte und auf den Computer speicherte. Sein Kommilitone, Quentin Stafford Fraser, schrieb ein weiteres Programm, dass jedem Studenten im Computerlabor ermöglichte, das aktuelle Bild der Kaffeemaschine einzublenden, um sich somit über den Kaffeestand in der Maschine zu informieren. Quentin Stafford Fraser ermöglichte den ersten Netzwerkzugriff auf ein Kamerabild und gilt somit als geistiger Vater der Webcam. Die Umsetzung des *XCoffee* genannten Projektes, dauerte nur etwa einen Tag und die *Trojan Room Coffee Pot camera* wurde zunächst als Spielerei abgetan. Wahrscheinlich wäre sie längst in Vergessenheit geraten, hätten sich nicht zwei weitere Studenten nochmals dem *XCoffee*-Projekt gewidmet. Daniel Gordon und Martyn Johnson überarbeiteten die Idee und stellten das Bild von der Kaffeemaschine 1993 ins World Wide Web.

Jetzt konnten Studenten auf der ganzen Welt das beinahe Livebild der Kaffeemaschine in Cambridge bewundern. Hunderttausende von Leuten besuchten die Homepage der *Trojan Room Coffee Pot camera*, bis die Kaffeemaschine 2001 kaputt ging und die Webcam abgeschaltet wurde.

Ein Aufschrei in den Medien sorgte dafür, dass die kaputte Maschine für über 10.000 Mark versteigert wurde und anschließend, von der Firma *Krups* kostenlos repariert wurde. Mittlerweile steht die Maschine in der Redaktion von "Spiegel Online" und kann mittels 2 Webcams im World Wide Web bewundert werden.

Danksagung

Mein Dank gilt zunächst einmal allen Leuten, die dieses Buch gelesen haben. Ich hoffe, sie hatten Freude daran und werden sich in Zukunft an die eine oder andere Geschichte erinnern, die von der Entstehung der jeweiligen Erfindung, von der sie gerade Gebrauch machen, erzählt. Nun wissen sie nicht nur, dass der erste Mikrowellenherd weder auf einem Baum gewachsen ist, noch eines Tages einfach am Wegesrand stand, sondern wie es wirklich dazu kam, dass ein solch nützliches Gerät erfunden wurde. Schließlich ist niemand eines morgens mit dem Entschluss aufgewacht, an jenem Tag einen Herd zu bauen, der mittels Mikrowellenstrahlung Speisen erwärmen kann. Es würde mich freuen, wenn ich Ihnen neues vermitteln konnte und sie sich im Alltag an diesem Wissen erfreuen.
Natürlich möchte ich auch all denjenigen danken, die zur Entstehung dieses Buches beigetragen haben, die mir beim Recherchieren geholfen und mich mit Informationen versorgt haben. Ohne euch hätte es dieses Buch wohl nicht gegeben.
Als hilfreich haben sich auch die Internetauftritte derjenigen Firmen gezeigt, deren Namen bis heute für ihr Produkt steht. Nicht selten konnte ich Unklarheiten mittels einer Anfrage per Mail beseitigen. An dieser Stelle noch einmal vielen Dank an die hilfsbereiten Mitarbeiter dieser Unternehmen.

Besonders danken möchte ich meiner Lektorin sowie meinem Photographen Kay Khambatta, deren Arbeit ebenso selbsterklärend wie wichtig ist.

Mein herzlichster Dank gilt jedoch meiner Familie und meinen Freunden, die mich, ob sie es nun wussten oder nicht, stets bei der Ausarbeitung dieses Buches unterstützt haben; meiner über alles geliebten Freundin Phiroza Khambatta, die mir stets mit Rat und Tat zur Seite stand, meinem Vater Karl Heinz Kraemer, der mich mit Artikeln aus Zeitungen und Zeitschriften versorgte, oder mich auf interessante Sendungen im TV aufmerksam machte, meinen Freunden Michaela Waldkönig und Melanie Denzer, die dieses Buchprojekt von Anfang an für gut befunden haben und mich somit in meinem Vorhaben stärkten, meiner Mutter Brigitta Kraemer und mein Onkel Klaus Vogt, sowie meinen Tanten Theresia Binz, Annemie Saewe und Marita Heil, die mir mit ihren Erzählungen aus früheren Zeiten oft Anstöße für meine Artikel gaben. Wahrscheinlich habe ich weitere wichtige Leute vergessen, die mir wie z. B. Alice Khambatta, hilfreiche Vorschläge zu Titel, Cover und Inhalt gab oder Otmar Erz, der mir erklärte wie mein Manuskript seinen Weg, als Buch in den Buchhandel findet und Alexander Hoffmann, der mir bei der Verarbeitung der Artikel half. All jenen möchte ich hiermit meinen Dank aussprechen, fühlt euch frei eure Namen an dieser Stelle hinzuzufügen. Tausend Dank auch:

Natürlich möchte ich auch all denjenigen danken, die mir nur indirekt eine Hilfe bei meinem Buch waren.
Zu guter Letzt möchte ich natürlich auch den Mitarbeitern des BoD Verlages danken, der dieses Buch aufgelegt hat.

Personenregister

198

Erfindungen Chronologisch

Jahr	Erfindung	Erfinder	Land	Seite
um 100 v. Chr	Verkaufsautomat	Heron von Alexandria	Griechenland	12f
1445	Buchdruck (Letterndruck)	Johannes Gutenberg	Deutschland	14f
1596	WC	John Harington	England	16f
1608	Fernrohr	Hans Lippershey	Niederlande	18f
1609	Teleskop	Galileo Galilei	Italien	19
1656	Uhr (Penduluhr)	Christiaan Huygens	Niederlande	20f
1668	Spiegelteleskop	Isaac Newton	England	19
1698	Dampfpumpe	Thomas Savery	England	22
1705	Dampfmaschine	Thomas Newcomen	England	22f
1714	Thermometer	Daniel Gabriel Fahrenheit	Deutschland	24f
1744	Franklin Ofen	Benjamin Franklin	USA	27
1752	Blitzableiter	Benjamin Franklin	USA	26f
1769	Dampfmaschine (modern)	James Watt	Schottland	23
1775	Siphon	Alexander Cummnigs	England	17
1780	Feuerzeug	Johannes Fürstenberg	Deutschland	28f
1783	Heißluftballon	Joseph und Étienne Montglofier	Frankreich	30f
1783	Wasserstoffballon	Jacques Alexandre César Charles	Frankreich	31
1790	Bleistift	Joseph Hardtmuth	Österreich	32f
1800	Batterie	Alessandro Volta	Italien	34f
1804	Dampflok	Richard Trevithick	England	74f
1810	Konservendose	Peter Durand	England	36f
1817	Fahrrad (Laufrad)	Karl Friedrich Drais	Deutschland	38f
1825	Blindenschrift	Louis Braille	Frankreich	40f
1827	Streichholz (Überall-Anzünder)	John Walker	England	60f
1830	Nähmaschine	Barthélemy Thimonnier	Frankreich	42f
1830	Osteotom	Bernhard Heine	Deutschland	146
1834	Kühlschrank (Kältemaschine)	Jacob Perkins	USA	44f

1834	Nähmaschine (Steppstich)	Walter Hunt	USA	43
1837	Telegraph	Samuel Finley Morse	USA	72
1839	Adventskranz	Johann Hinrich Wichern	Deutschland	46f
1839	Gummi (vulkanisiert)	Charles Nelson Goodyear	USA	48f, 62f, 132
1839	Macmillan-Rad	Kirkpatrick Macmillan	Schottland	39
1839	Photographie	Joseph Nicéphore Niepce	Frankreich	50f
1842	Faxgerät	Alexander Bain	Schottland	52f
1845	Luftreifen (Kutsche)	Robert William Thompson	Schottland	54f
1847	Nitroglycerin	Ascanio Sobrero	Italien	64
1852	Zahnseife	Adolf Heinrich August Bergmann	Deutschland	121
1853	Aufzug (absturzsicher)	Elisha Graves Otis	USA	58f
1853	Kartoffelchips	George Crum	USA	56f
1854	Vergaser	John Longbottom	England	78, 80, 147
1855	Gummikondom (genäht)	Charles Nelson Goodyear	USA	130f
1855	Streichholz (Sicherheitszündhölzer)	Johann Edvard Lundström	Schweden	60f
1858	Dosenöffner	Ezra Warner	USA	37
1862	Kunststoff (halbsynthetisch)	Alexander Parkes	England	62
1867	Dampfzweirad	Sylvester Howard Roper	USA	78
1867	Dynamit	Alfred Nobel	Schweden	64
1867	Fieberthermometer	Thomas Clifford Allbutt	England	25
1868	Schreibmaschine	Christopher Latham Sholes	USA	66f
1869	Kaugummi	Thomas Adams	USA	68f
1870	Hochrad	James Starley	England	39
1873	Jeans	Levi Strauss	Deutschland	70f
1875	Telefon	Alexander Graham Bell	USA	72f
1876	Ammoniak-Kältemaschine	Carl von Linde	Deutschland	115
1877	Hängegleiter	Otto Lilienthal	Deutschland	116
1877	Kohlenkörnermikrophon	Thomas Alva Edison	USA	77
1877	Phonograph	Thomas Alva Edison	USA	77, 86
1879	E-Lok	Werner von Siemens	Deutschland	74f

1879	Glühlampe	Thomas Alva Edison	USA	76f
1880	Aufzug (elektrisch)	Werner von Siemens	Deutschland	58f
1884	Fahrrad (modernes Fahrrad)	John Kemp Starley	England	39
1885	Motorrad	Wilhelm Gottlieb Daimler	Deutschland	78f
1886	Automobil	Carl Friedrich Benz	Deutschland	80f
1886	Cola	John Styth Pemberton	USA	82f
1886	Geschirrspülmaschine	Josephine Cochrane	USA	84f
1887	Plattenspieler	Emil Berliner	Deutschland	86f
1887	Sprenggelatine	Alfred Nobel	Schweden	65
1888	Kinetoskop	Thomas Alva Edison	USA	77
1888	Luftreifen (Fahrrad)	John Boyd Dunlop	Schottland	54f
1889	Büstenhalter	Herminie Cadolle	Frankreich	88f
1889	Streichholzheftchen	Joshua Pusey	USA	61
1891	Kronkorken	William Painter	Irland	90f, 104
1891	Müsli	Maximilian Bircher-Benner	Schweiz	92f
1892	Durchwahl-Telefonsystem	Almon Brown Strowger	USA	73
1893	Bierdeckel	Robert Sputh	Deutschland	98f
1893	Dewar-Gefäß	James Dewar	Schottland	114f
1893	Radio (Rundfunk)	Nikola Tesla	Kroatien	96f
1893	Reißverschluss	Whitcomb Judson	USA	94f
1894	Cornflakes	John und William Kellogg	USA	100f
1894	Papiertaschentuch	Gottlob Krum	Deutschland	102f
1895	Rasierklinge	King Camp Gillette	USA	104f
1898	Schellackschallplatte	Emil Berliner	Deutschland	87
1899	Zahnpflegekaugummi	Franklin V. Canning	USA	69
1900	Segelflugzeug	Wilbur und Orville Wright	USA	116
1900	Verkehrsregelung	William Phelps Eno	USA	106f
1901	Staubsauger	Hubert Cecil Booth	England	108f
1902	Klimaanlage	Willis Haviland Carrier	USA	112f
1902	Teddybär	Richard Steiff	Deutschland	110f

1903	Flugzeug (motorgetrieben)	Wilbur und Orville Wright	USA	116f
1903	Kreisverkehr	William Phelps Eno	USA	107
1903	Thermosflasche	Reinhold Burger	Deutschland	114f
1904	Hamburger	Fletcher Davis	USA	118f
1905	Eis am Stiel (Wassereis)	Frank Epperson	USA	136f
1906	Fotofaxgerät	Arthur Korn	Deutschland	53
1907	Gehörschutzstöpsel	Maximilian Negwer	Deutschland	122f
1907	Kunststoff (vollsynthetisch)	Leo Hendrik Baekeland	USA	63
1907	Zahnpasta	Ottomar Heinsius von Mayenburg	Deutschland	120f
1908	Kaffeefilter	Melitta Bentz	Deutschland	124f
1908	Staubsauger (tragbar)	James Murray Spangler	USA	109
1908	Teebeutel	Thomas Sullivan	USA	128f
1908	Toaster	Frank Shailor	USA	126f
1912	Kondom (nahtlos)	Julius Fromm	Deutschland	130f
1913	Fließband	Henry Ford	USA	81
1913	Tonfilm	Thomas Alva Edison	USA	77
1919	Lichtzeichenanlage	William Potts	USA	107
1919	Verkehrsflugzeug	Hugo Junkers	Deutschland	117
1921	Fernsehen	Philo Taylor Farnsworth	USA	132f
1922	Gummibärchen	Hans Riegel	Deutschland	134f
1922	Quadrocopter	Étienne Oehmichen	Frankreich	154
1923	Eis am Stiel (Milcheis)	Harry B. Burt	USA	136f
1923	Rasierapparat	Jacob Schick	USA	138f
1925	Abdeckklebeband (Kreppband)	Richard G. Drew	USA	145
1925	Tiefkühlkost	Clarence Birdseye	USA	140f
1926	Kettensäge (elektrisch)	Andreas Stihl	Deutschland	146f
1928	Bubble Gum	Walter E. Diemer	USA	69
1928	Regenschirm (Taschenschirm)	Hans Haupt	Deutschland	142f
1930	Klebeband (transparent)	Richard G. Drew	USA	144f
1930	Motorsäge	Andreas Stihl	Deutschland	146f

1930	Strahltriebwerk	Frank Whittle	England	117
1931	Tampon	Earl Cleveland Haas	USA	148f
1932	Klebebandabroller	John A. Borden	USA	145
1935	Nylon (Kunstseide)	Wallace Hume Carothers	USA	152
1935	Parkuhr	Carl C. Magee	USA	150f
1936	Hubschrauber	Henrich Focke	Deutschland	154f
1938	Antihaftbeschichtung (Teflon)	Roy Plunkett	USA	158f
1938	Computer (Rechenmaschine)	Konrad Zuse	Deutschland	156f
1938	Einkaufswagen	Sylvan Nathan Goldman	USA	162f
1938	Kugelschreiber	László József Bíró	Ungarn	160f
1938	Photokopiergerät (Xerographie)	Chester F. Carlson	USA	164f
1941	Klettverschluss	George de Mestral	Schweiz	166f
1943	Getränkekarton	Ruben Rausing	Schweden	168f
1946	Einkaufswagen (ineinanderschiebbar)	Orla E. Watson	USA	163
1946	Windelhöschen	Marion Donovan	USA	179
1947	Mikrowellenherd	Percy LeBaron Spencer	USA	170f
1948	Frisbee	Walter Frederick Morrison	USA	172f
1949	Blitzlicht	Artur Fischer	Deutschland	180
1949	Currywurst	Herta Heuwer	Deutschland	174f
1949	Kreditkarte	Frank McNamara	USA	176f
1951	Wegwerfwindel	Marion Donovan	USA	178f
1954	Pfanne (antihaftbeschichtet)	Marc Grégoire	Frankreich	159
1958	Spreizdübel	Artur Fischer	Deutschland	180
1964	Maus (Computermaus)	Douglas Engelbart	USA	157
1968	Chipkarte (Speicherkarte)	Jürgen Dethloff	Deutschland	182f
1974	Haftnotiz	Art Fry	USA	184f
1977	Chipkarte (Mikroprozessorkarte)	Jürgen Dethloff	Deutschland	182f
1985	Tetris	Alexej Patschitnow	Russland	186f
1989	World Wide Web	Tim Berners- Lee	England	188f
1991	Webcam	Quentin Stafford Fraser	England	190f

Erfindungen Alphabetisch

Jahr	Erfindung	Erfinder	Land	Seite
1925	Abdeckklebeband (Kreppband)	Richard G. Drew	USA	145
1839	Adventskranz	Johann Hinrich Wichern	Deutschland	46f
1876	Ammoniak-Kältemaschine	Carl von Linde	Deutschland	115
1938	Antihaftbeschichtung (Teflon)	Roy Plunkett	USA	158f
1853	Aufzug (absturzsicher)	Elisha Graves Otis	USA	58f
1880	Aufzug (elektrisch)	Werner von Siemens	Deutschland	58f
1886	Automobil	Carl Friedrich Benz	Deutschland	80f
1800	Batterie	Alessandro Volta	Italien	34f
1893	Bierdeckel	Robert Sputh	Deutschland	98f
1790	Bleistift	Joseph Hardtmuth	Österreich	32f
1825	Blindenschrift	Louis Braille	Frankreich	40f
1752	Blitzableiter	Benjamin Franklin	USA	26f
1949	Blitzlicht	Artur Fischer	Deutschland	180
1928	Bubble Gum	Walter E. Diemer	USA	69
1445	Buchdruck (Letterndruck)	Johannes Gutenberg	Deutschland	14f
1889	Büstenhalter	Herminie Cadolle	Frankreich	88f
1977	Chipkarte (Mikroprozessorkarte)	Jürgen Dethloff	Deutschland	182f
1968	Chipkarte (Speicherkarte)	Jürgen Dethloff	Deutschland	182f
1886	Cola	John Styth Pemberton	USA	82f
1938	Computer (Rechenmaschine)	Konrad Zuse	Deutschland	156f
1894	Cornflakes	John und William Kellogg	USA	100f
1949	Currywurst	Herta Heuwer	Deutschland	174f
1804	Dampflok	Richard Trevithick	England	74f
1705	Dampfmaschine	Thomas Newcomen	England	22f
1769	Dampfmaschine (modern)	James Watt	Schottland	23
1698	Dampfpumpe	Thomas Savery	England	22
1867	Dampfzweirad	Sylvester Howard Roper	USA	78
1893	Dewar-Gefäß	James Dewar	Schottland	114f
1858	Dosenöffner	Ezra Warner	USA	37
1892	Durchwahl-Telefonsystem	Almon Brown Strowger	USA	73
1867	Dynamit	Alfred Nobel	Schweden	64
1938	Einkaufswagen	Sylvan Nathan Goldman	USA	162f

1946	Einkaufswagen (ineinanderschiebbar)	Orla E. Watson	USA	163
1923	Eis am Stiel (Milcheis)	Harry B. Burt	USA	136f
1905	Eis am Stiel (Wassereis)	Frank Epperson	USA	136f
1879	E-Lok	Werner von Siemens	Deutschland	74f
1817	Fahrrad (Laufrad)	Karl Friedrich Drais	Deutschland	38f
1884	Fahrrad (modernes Fahrrad)	John Kemp Starley	England	39
1842	Faxgerät	Alexander Bain	Schottland	52f
1608	Fernrohr	Hans Lippershey	Niederlande	18f
1921	Fernsehen	Philo Taylor Farnsworth	USA	132f
1780	Feuerzeug	Johannes Fürstenberg	Deutschland	28f
1867	Fieberthermometer	Thomas Clifford Allbutt	England	25
1913	Fließband	Henry Ford	USA	81
1903	Flugzeug (motorgetrieben)	Wilbur und Orville Wright	USA	116f
1906	Fotofaxgerät	Arthur Korn	Deutschland	53
1744	Franklin Ofen	Benjamin Franklin	USA	27
1948	Frisbee	Walter Frederick Morrison	USA	172f
1907	Gehörschutzstöpsel	Maximilian Negwer	Deutschland	122f
1886	Geschirrspülmaschine	Josephine Cochrane	USA	84f
1943	Getränkekarton	Ruben Rausing	Schweden	168f
1879	Glühlampe	Thomas Alva Edison	USA	76f
1839	Gummi (vulkanisiert)	Charles Nelson Goodyear	USA	48f, 62f, 132
1922	Gummibärchen	Hans Riegel	Deutschland	134f
1855	Gummikondom (genäht)	Charles Nelson Goodyear	USA	130f
1974	Haftnotiz	Art Fry	USA	184f
1904	Hamburger	Fletcher Davis	USA	118f
1877	Hängegleiter	Otto Lilienthal	Deutschland	116
1783	Heißluftballon	Joseph und Étienne Montglofier	Frankreich	30f
1870	Hochrad	James Starley	England	39
1936	Hubschrauber	Henrich Focke	Deutschland	154f
1873	Jeans	Levi Strauss	Deutschland	70f
1908	Kaffeefilter	Melitta Bentz	Deutschland	124f
1853	Kartoffelchips	George Crum	USA	56f
1869	Kaugummi	Thomas Adams	USA	68f
1926	Kettensäge (elektrisch)	Andreas Stihl	Deutschland	146f
1888	Kinetoskop	Thomas Alva Edison	USA	77
1930	Klebeband (transparent)	Richard G. Drew	USA	144f

1932	Klebebandabroller	John A. Borden	USA	145
1941	Klettverschluss	George de Mestral	Schweiz	166f
1902	Klimaanlage	Willis Haviland Carrier	USA	112f
1877	Kohlenkörnermikrophon	Thomas Alva Edison	USA	77
1912	Kondom (nahtlos)	Julius Fromm	Deutschland	130f
1810	Konservendose	Peter Durand	England	36f
1949	Kreditkarte	Frank McNamara	USA	176f
1903	Kreisverkehr	William Phelps Eno	USA	107
1891	Kronkorken	William Painter	Irland	90f, 104
1834	Kühlschrank (Kältemaschine)	Jacob Perkins	USA	44f
1938	Kugelschreiber	László József Bíró	Ungarn	160f
1862	Kunststoff (halbsynthetisch)	Alexander Parkes	England	62
1907	Kunststoff (vollsynthetisch)	Leo Hendrik Baekeland	USA	63
1919	Lichtzeichenanlage	William Potts	USA	107
1888	Luftreifen (Fahrrad)	John Boyd Dunlop	Schottland	54f
1845	Luftreifen (Kutsche)	Robert William Thompson	Schottland	54f
1839	Macmillan-Rad	Kirkpatrick Macmillan	Schottland	39
1964	Maus (Computermaus)	Douglas Engelbart	USA	157
1947	Mikrowellenherd	Percy LeBaron Spencer	USA	170f
1885	Motorrad	Wilhelm Gottlieb Daimler	Deutschland	78f
1930	Motorsäge	Andreas Stihl	Deutschland	146f
1891	Müsli	Maximilian Bircher- Benner	Schweiz	92f
1830	Nähmaschine	Barthélemy Thimonnier	Frankreich	42f
1834	Nähmaschine (Steppstich)	Walter Hunt	USA	43
1847	Nitroglycerin	Ascanio Sobrero	Italien	64
1935	Nylon (Kunstseide)	Wallace Hume Carothers	USA	152
1830	Osteotom	Bernhard Heine	Deutschland	146
1894	Papiertaschentuch	Gottlob Krum	Deutschland	102f
1935	Parkuhr	Carl C. Magee	USA	150f
1954	Pfanne (antihaftbeschichtet)	Marc Grégoire	Frankreich	159
1877	Phonograph	Thomas Alva Edison	USA	77, 86
1839	Photographie	Joseph Nicéphore Niepce	Frankreich	50f
1938	Photokopiergerät (Xerographie)	Chester F. Carlson	USA	164f
1887	Plattenspieler	Emil Berliner	Deutschland	86f
1922	Quadrocopter	Étienne Oehmichen	Frankreich	154
1893	Radio (Rundfunk)	Nikola Tesla	Kroatien	96f

1923	Rasierapparat	Jacob Schick	USA	138f
1895	Rasierklinge	King Camp Gillette	USA	104f
1928	Regenschirm (Taschenschirm)	Hans Haupt	Deutschland	142f
1893	Reißverschluss	Whitcomb Judson	USA	94f
1898	Schellackschallplatte	Emil Berliner	Deutschland	87
1868	Schreibmaschine	Christopher Latham Sholes	USA	66f
1900	Segelflugzeug	Wilbur und Orville Wright	USA	116
1775	Siphon	Alexander Cummnigs	England	17
1668	Spiegelteleskop	Isaac Newton	England	19
1958	Spreizdübel	Artur Fischer	Deutschland	180
1887	Sprenggelatine	Alfred Nobel	Schweden	65
1901	Staubsauger	Hubert Cecil Booth	England	108f
1908	Staubsauger (tragbar)	James Murray Spangler	USA	109
1930	Strahltriebwerk	Frank Whittle	England	117
1855	Streichholz (Sicherheitszündhölzer)	Johann Edvard Lundström	Schweden	60f
1827	Streichholz (Überall-Anzünder)	John Walker	England	60f
1889	Streichholzheftchen	Joshua Pusey	USA	61
1931	Tampon	Earl Cleveland Haas	USA	148f
1902	Teddybär	Richard Steiff	Deutschland	110f
1908	Teebeutel	Thomas Sullivan	USA	128f
1875	Telefon	Alexander Graham Bell	USA	72f
1837	Telegraph	Samuel Finley Morse	USA	72
1609	Teleskop	Galileo Galilei	Italien	19
1985	Tetris	Alexej Patschitnow	Russland	186f
1714	Thermometer	Daniel Gabriel Fahrenheit	Deutschland	24f
1903	Thermosflasche	Reinhold Burger	Deutschland	114f
1925	Tiefkühlkost	Clarence Birdseye	USA	140f
1908	Toaster	Frank Shailor	USA	126f
1913	Tonfilm	Thomas Alva Edison	USA	77
1656	Uhr (Penduluhr)	Christiaan Huygens	Niederlande	20f
1854	Vergaser	John Longbottom	England	78, 80, 147
um 100 v. Chr	Verkaufsautomat	Heron von Alexandria	Griechenland	12f
1919	Verkehrsflugzeug	Hugo Junkers	Deutschland	117
1900	Verkehrsregelung	William Phelps Eno	USA	106f
1783	Wasserstoffballon	Jacques Alexandre César Charles	Frankreich	31
1596	WC	John Harington	England	16f

207

1991	Webcam	Quentin Stafford Fraser	England	190f
1951	Wegwerfwindel	Marion Donovan	USA	178f
1946	Windelhöschen	Marion Donovan	USA	179
1989	World Wide Web	Tim Berners-Lee	England	188f
1907	Zahnpasta	Ottomar Heinsius von Mayenburg	Deutschland	120f
1899	Zahnpflegekaugummi	Franklin V. Canning	USA	69
1852	Zahnseife	Adolf Heinrich August Bergmann	Deutschland	121